はじめに――「バカ」という素晴らしい生き方

ハカ」は世界初をなし遂げます。「ふつう」ではできない。「秀才」でもできない。「まじ」もダメ。「バカ」だけがそれを実現します。

バカって天才のことでしょう？」そんな声がきこえますが、ちがうのです。似ているけれど、ょっとちがう。「オリジナリティーのことでしょう？」という声もきこえます。似ているけれど、やっぱりちょっとちがう。**もっと豊かで、強く、深く、そのくせ笑えて、迷惑で、かと思うと胸が痛くなるような、あるものです。**

私のいう「バカ」とは、ある生き方のことなのです。

スティーブ・ジョブズは、傲慢《ごうまん》さゆえに追放されたアップルが低迷し、請われて戻ったとき、「アップルとはどういう会社なのか」を世にアピールすることから始めました。広告代理店と議論を重ね、ついに「Think different」というシンプルなキャッチコピーにたどり着きます。

このコピーを練りあげたときのことを話すとき、涙をため泣き出したそうです。理由を問われるとこう答えました。

「ものすごくピュアなものがここにある。魂が震える」

「バカ」は、閉塞感《へいそくかん》を感じません。みんなが寄り集まっているところには近づかず、だれも歩かない手つかずの場所をひとりで歩きます。みんなのハッピネスを求めて「バカ」が歩いて行った道なき道で、あるとき、ブレークスルーが起こります。

ジョブズは、これを「ちょっとだけ宇宙の姿を変える」と表現しました。

ノーベル生理学・医学賞を受賞した本庶佑《ほんじょたすく》教授の発言「イノベーションは訳のわからないところから生まれる。ばかげた挑戦をやるべきだ」は、まさに的《まと》を射《い》ています。

ビジネスジェット機「ホンダジェット」の開発をした藤野道格《ふじのみちまさ》氏が主翼の上にエンジンをつけるという世界初のアイデアをいい出したときには、「こんなバカなエンジンは見たことがない！」と上司から罵倒されたといいます。しかし、藤野氏は異例のスピードで試験飛行に成功、ベストセラー機にしました。

「バカ」とは与えられた能力の質のことではなく、「生き方」のことだとしたら、それはいったい、どんな生き方なのか？

この本では、「バカ」に関係があるいろいろな方面からのお話をします。自分で、自分だけの、自分向きの「バカ」イメージをつくってください。どういう生き方をすれば、素晴らしい「バカ」になれるのか、ぜひ新しい**「自己バカ像」**を創造してください。

もしかすると、思い出せばいいのかもしれません。自分の「バカ」を忘れてしまっているだけで、だれもがある時期までは、その資質を無邪気に発揮していたのかも。

私はずっと「バカ」です。「バカ」であることに誇りをもっています。この本を手にとったからには、あなたもきっと「バカ」にちがいありません。

「世界初」をつくったときの喜びは、素晴らしいものです。周りのだれもがその意味を理解しないときの「えっ？」もいわくいいがたい。そのなかでも学生と一緒に達成した世界初の研究成果は最高です。でも、まずは「自分初」ですね。

「こんなことが俺にできるのか！」

自分で自分にびっくりし、周りの人を驚愕《きょうがく》させる。

「これをあいつが……、嘘だろ」

こんな面白いことはない。その先に、前人未到を実現する「世界初」がある。

「バカ」とは、なんという素晴らしい人生なのでしょう。

いきなり16回も「バカ」を連呼するなんて、この「まえがき」も、ちょっと「バカ」かもしれませんね。

目次

第2章　笑われる人になってこそ、ことが始まる

第3章　妄想を現実にする力

第4章　バカをやる勇気が未来をつくる

世界初は「バカ」がつくる

——「バカ」の育ち方あります！

第1章

バカってなんだ？

バカはオリジナルである

◆「おめでとう」「おめでとう」ってなんのことだ？

国際会議の会場に戻ると、表彰式も終わったらしく、人々がぞろぞろ出てきます。知り合いの研究者と何人もすれ違います。すると、口々に「おめでとう」「おめでとう」と笑顔で私にいうのです。

２０１８年のロボット国際会議は、オーストラリアの西海岸にあるブリスベンで開かれました。世界中から３０００人の学者、技術者たちが集まるロボット研究の世界最高の会議です。私は2年に1回くらいは論文を出したり、講演に招待されたり、ワークショップに参加したりで、この会議に出てきました。

今年は論文も出していないし、フリーだということで、表彰式の間、会議場の外の展示会場で遊んでいました。欧米の研究者は、ベンチャーでその成果をすぐに製品化します。見たこともない面白いロボットが並んでいます。私は子どものようにそれに飛びついて遊びながら、やはり研究者の目でその秘密を探究していたのです。

入り口で「おめでとう」「おめでとう」と声をかけられた私は、「ん？　なに？　なんのこと？」ですが、「あれっ、いたじゃん」という人がいます。**「さっき論文と名前を読み上げられたのに、生田さん、なんでステージに行かなかったの？」**

「なに、それ。知らない」というと、**なんと私はいないところで表彰された**ということでした。

◆30年間で最も影響を与えた論文賞の受賞だった

アメリカ人のやる表彰式は、アカデミー賞をはじめ、数本のノミネートを発表します。ノミネートされることは大変な名誉で、アカデミー賞ならギャラが上がります。学者の場合は経歴にそれを書くことができます。

で、私の知らないところでノミネート論文が三つくらい発表され、盛り上がったところで画面をポンと変えて、「はい、受賞はこれです！」とやったのですが、受賞者が出てこない。「あれっ、イクタはいないのか？」。出てきませんね、私、聞いてませんから。無心にロボットをいじっていましたし。ところが**この受賞はとても嬉しい話だったのです。何より賞の趣旨が素晴らしい。**ほんと、めっちゃ嬉しかった！

この国際会議では毎回研究者は長文の英文の論文を投稿します。３人の査読者（審査員）が見て、出された論文の４割くらいしか発表できない。その中から論文賞が選ばれます。フルペーパー査読といって、英文のジャーナルに掲載できるレベルの論文でなければ受けつけないという、ロボット分野で最高峰の舞台です。

このロボットソサエティが新しい賞をつくったのです。30年前、20年前、10年前の三つのMost infruential賞。この国際会議では、毎年４００本５００本の論文が発表されますが、その年に発表された論文のうち、のちに最も影響を与えた論文はどれか。**「どっか行っちゃっていないイクタ」の論文は、30年前に発表されたもののなかから第1回受賞論文として選ばれたのでした。**

Most infruentialってどうやって測るのか？　どの学会でも、論文の引用回数が重要視されます。つまりそれがないと次の研究がなかった、それゆえ敬意を払って、自分の論文にきちんと引用を明示するのです。

それをカウントすると、どの論文が最もオリジナリティーがあったのか、のちの研究の発展に寄与したのかが、数値としてわかるわけです。

「うわぁ、これ、すげえ！」私は感激しました。Most infruentialです！　当時、日本の学会で相手にされなかったヘビ型内視鏡ロボットが、こんな形で評価されたのですから。

◆ヘビはくねくねと新しいジャンルを切り開いた

私の博士論文は、お腹の中にくねくねと入っていくヘビ型のロボットです。変な研究です。当時のロボットの主流は、工業用のマニュピレーターという腕で物をつかむロボットで、私のロボットは「気持ち悪い！」「なに、それ！」でした。

そもそも研究を始めた40年前は、ロボットを学問とすることがまだまだ異端で、「おもちゃじゃん！」「遊んでる」「ロボットなんかつくっていないで、ちゃんと研究しなさい」といった認識でした。

このヘビ型ロボットの正体については、第3章で詳しくお話ししますが、当時の流行だったマニュピレーターは、30年経ってみると、結局引用回数は増えず、「変なロボット」だった私の研究が最多の引用回数を記録したのでした。

これはどういうことか？

簡単なことです。新しかっただけでなく欧米の研究者の心をつかんだのです。

生産現場で活躍することを前提とした腕で物をつかむロボットと異なり、それまで着眼されることのなかった医療分野でロボットが役立つ姿を見せました。**ヘビがうねうね動くこのロボットの新しさは、その動きの原理も重要だったのですが、何より新しいジャンルを切り開いた**

ところにあったのです。

今日では、医療分野のロボットはさまざまに開発され、展開しています。病気に悩み苦しむ人への、これはとても素晴らしい貢献です。

新商品の開発にたずさわっている方や、流行と関わるアート、表現活動をしている方には、わかりやすい話だと思いますが、「最先端」「トップを切る」「新しい風景を見せる」といった世界では、人は2種類しかありません。「真似する人」と「真似される人」です。**私のいう「バカ」は、「真似される栄光」に輝く人のことです。**

少し補足しておきますが、この研究は指導者の広瀬《ひろせ》茂男《しげお》助教授（当時）、梅谷陽二《うめたにようじ》教授、そして後輩の塚本さんらの協力がなくては達成不可能でした。すなわち、先生も学生も「バカ」ができる人達だったわけです。

◆若い研究者にリスクを取る勇気を与える素晴らしい賞だった

ロボット国際会議の会場に戻りますが、受賞を教えられた私が中に入ると、もう半分くらい人はいなくなっていました。大会運営の長をしている人は知り合いで、「なんだ、コウジいたのか」とステージにあげられ、表彰の立派な盾《たて》をもらいました。

なんか、すごく大らかじゃないですか。ぬけてるとも言いますが。

今回、私は助手といっしょに来ていました。私がロボットをいじっていたとき、助手は会議場の後ろに設けられた食事コーナーで、ラムチョップか何かをむさむさほおばっていたのですが、突然、ステージで「生田先生の論文」が映し出され、びっくりして写真を撮り、それだけをメールしてよこしました。私には何のことやらわかりません。ふーん、どこかにこんな古い論文リストでもあったのか？

助手もなかなか大らかです。日本の学会でしたら、受賞者に必ず事前連絡をして、当日にも出席を確認するでしょう。しかし、このような賞を考え出すことはないでしょう。

知り合いの海外の研究者たちは、「お前さん、これはいい話だよ」「これはいい賞だ」と口々に「賞の存在」を讃《たた》えています。そしてこういいます。

「こういう賞が増えると、若い人がチャレンジするようになる。ハイリスクの研究を怖がらないでするようになる」

これが賞を考えたアメリカ人の狙《ねら》いなのです。

また、こうもいいます。

「１回目がコウジでよかったね。お前、日本に職がなくてカリフォルニア大学サンタバーバラに来てたんだよね」

親友の彼らは、私の博士論文の内容だったり、アメリカで研究者生活に至るまでの経緯を知っているのです。だからこうもいっていました。

「頑張ったら、ちゃんと世界は見てるんだ」と、若い研究者を励ましたこの賞は、「それがよかった」といっているのです。自分が評価されたことが嬉しいのはもとよりですが、**「こういう賞が世界に生まれたということ」が、私もとても嬉しかったのです。**

◆マイナス評価からスタートする研究を讃えたい

イギリスの、インペリアルカレッジのヤン教授のことについては、第4章で改めてお話ししますが、そのヤン先生と話しました。彼は私の受賞を知っていて、「俺たちもそういう賞をつくろうか」となりました。

彼は、サイエンスポティックスというサイエンスの傍系の学術誌の編集委員長をしています。私たち国際編集委員は、チャレンジを讃える賞をつくりたいということで一致しました。

iPS細胞みたいに、最初からみんなびっくりして、「うわあーっ!」となる研究が評価されるのは当たり前なのです。そうではなくて、最初の評価はマイナスで、「えーっ、なにそれ?」ってみんなが引いてしまうものが、年月とともに上がっていく。結局は、のちにすごい影響を与える。

「そういうのが、いちばん大事だね」と私たちは話しました。

「そういう賞をサイエンスでもつくろう」

私が理事をしている東洋紡にバイオ財団があります。早速そこに声をかけて賞のもつ意味を話しました。

「素敵ですね。その賞つくりましょう」

バイオ財団の幹部や理事達は趣旨に賛同し、医工学や、バイオテクノロジーの分野から賞を出そうということになりました。**「発表当初はうけなかった」「マイナス評価からはじまった」というのが、表彰のポイントです。**粋《いき》でしょう？

私たちは、恐れを知らずチャレンジするバカを探しているのです。

バカが生まれるには「遊び」が必要だ

◆遊びのなかに自由ないい発想が生まれる

３Ｍというアメリカの材料屋さんがあります。テープとかお掃除のダスタークロスとか、いろいろ生活のなかでお世話になっています。一番知られているのは、あの黄色い付箋《ふせん》、ポストイットかもしれません。

この会社は、自分の本来の仕事以外に何割かの自由な時間とお金を、社員に与えています。その時間帯には通常の自分の仕事を離れます。だれとどんなことをしてもよい。しなくてはならないのです。

遊びみたいに見えることをしていてもいいし、勝手にプロジェクトを組んで研究開発してもよい。国際企業なので３Ｍの海外の研究者と組んでもいいそうです。日本的な組織の運営から見ると、不謹慎《ふきんしん》、アナーキーと取られるかもしれません。ところが、そのなかで結構いいものが生まれてきているのです。

有名な話がポストイットです。この使い勝手のいい付箋は、そういうものを開発しようとしてできたものではありません。

糊《のり》を開発しているチームがありました。変わったものができた。よくくっつかない、ネチャしない、跡が残らない、そういう糊です。「ダメかこれ？」研究者はがっかりしたのではないでしょうか。

ところが、例のフリーの時間に別の部署の人と話題にしてみると、「これって、ピッと貼って剝《は》がす付箋に使えるね」。弱点を強みにする発想の転換です。そしてご存知の商品になりました。これは企業や大学の休眠特許の活かし方です。

柔らかい頭、自由な発想は遊びと繋《つな》がっています。どうしてそうなるのか？　これには専門のパラドックスがあるからです。

◆プロフェッショナルになり、プロフェッショナルから離れることだ

自分の本来の仕事に忙殺されているのでは、「バカ」になれません。「余裕」が必要です。**余裕とは遊びです。**何が目的なのかわからないけれど、たゆたうように時間を過ごす。この人と話すこの話に、何の意味があるのかわからない。でもなぜか楽しい。刺激がある。

そういう対人関係、時間帯を仕事のなかでもっている人は幸せです。人生が楽しく、楽しいなかから新しいものを生み出します。

でもふつうはそうはいきません。自分の意欲、情熱の行き先を自由にするくらい難しいことはない。**もし意欲、情熱を自由にしてやれば、すごい力を発揮するのに。**

人間はすぐ周りに染まるのです。思考のパターン、行動のスタイル、しゃべり方、笑い方、話題を扱う角度、何もかもみんな染まりますが、染まったことに気がつきません。

気づくチャンスは、異質なものとの接触なのですが、その際の拒絶反応まで周りのスタイルに染まっていたら、もはやそれまで。

会社でどの部署に配属されるかは、その人をある部分決定してしまいます。新人は必死で仕事に慣れようとしますが、プロになるということは、ある決まり切った頭の動きになることです。

プロは素早く状況を見抜き、あっという間に判断します。それは草ぼうぼうの野原に歩きなれた小道が1本できあがっているようなもので、自動的にその小道を歩いてしまう。鳴く虫や花の隠れ咲くガサ藪《やぶ》の中にはもう入れません。

究《きわ》めるということは、不自由になることなのです。

例えば、営業でたくさん人に会ってバリバリやりたかったのに、総務課に配属され、おまけに総務課長は「備品の請求があっても、3回までは無視しなさい」なんていう人だったら、1

年もしないうちに不親切で不活発な人間にならないでしょうか？

部には部の気風があり、それ以前に選んだ会社には社風があります。もっと前には、大学の学部を選んでいます。教授の人間性が空気のように満ちているセクションがあり、当然その大学のもつ伝統的な空気があるものです。

学ぶということも、働くということも、知らず知らずに染まってしまうことなのです。そこにいる限り、染まってしまうと楽ですが、自由な未来は閉じられているのではないか。それでは困る。そこで「自分がどう染まっているのかを知ろう」なんて考えても無理ですね。なかにいる限り知ることはできません。

３Ｍの試みは、こういうパラドックスを破《やぶ》るためのものに違いありません。


いつもの仕事で慣れきった頭から離れろ！

いつもと違う人と会って話せ！

一緒に遊べ！

◆「バカゼミ」の始まりは飲んだ席での遊びだった

私の研究室の「バカゼミ」が知られるようになってきました。東大とバカのミスマッチが面白いので、ＮＨＫが番組をつくったりしたためでしょう。生田研究室の「バカゼミ」については、第2章でつまびらかにしますが、ここでは、その創成期に限って話してみたいと思います。

そもそもは、学生と先生達の飲んだ席での内輪の遊びでした。始まりは1984年。東工大の梅谷陽二先生の研究室の春合宿の余興でした。私はまだ博士課程の大学院生です。後年、ヘビロボットや四本足のロボットで世界的に有名になられた広瀬茂男先生がまだ助教授のときです。

もともとが春合宿の遊びですから、バカバカしいほどよい。でも、それだけでは物足りない。品の良いユーモアが感じられなければ楽しくない。論証がいい加減では白《しら》ける。思えば、酔っ払い同士にしては結構ぜいたくな遊びでした。

当時は、ただ面白いから、せっかく飲むからには楽しいほうがいい、それだけのことでしたが、後になって考えてみると思いがけない「立派な意義」が潜《ひそ》んでいたのです。そんなものは後付けです。**この世で素晴らしいのは、ただただ「楽しい」「興奮して時間も忘れる」という過ごし方でしょう。**


第1回84年のグランプリをとったのは、**正しい大阪弁を学ぶ学習システム**でした。英語でしたらありますね。生徒は発音記号とかアクセント記号とかを参考にして発音します。先生は「Please after me」とかいって、手本を示します。

その学生は、大阪弁の言葉にアクセント記号をつけた紙を渡して、「はい、いってください」と教授に指示します。教授は「あきまへんな」と発音しますが、「それは違いますよ。正しくは、こうです」。まるで英語の授業のように「大阪弁講座」をすすめました。

真面目にやればやるほど大笑いです。

その学生は大阪生まれで、当時、タモリが変な大阪弁を使ったりして、「大阪弁が乱れている」と義憤《ぎふん》を感じたためでした。漫才ブームが過ぎて、大阪漫才の正調大阪弁がテレビから消えた頃のことでした。


次の年、85年のグランプリは**「地震雲の研究」**でした。地震が起きる前に、成層圏に飛行機雲が太くなってはっきりと残ります。うなぎ雲ともいいますが、昔から知られている現象です。その雲の写真をずっと撮り続けている学生がいたのです。

雲の発生と地震の発生を比較してみると、あるパーセンテージで一致します。発生したりしなかったりするのはなぜか。これを仮説を立てて研究発表しました。

「お前、いつの間にそんなにたくさん雲の写真を撮っていたのか」、というところが若干笑えますが、サイエンスです。生田研のバカゼミは、学生が投票してグランプリを決めますが、この頃は教員らが決めていました。


そのさらに次の年、86年のグランプリは、**女性の生理の周期を振動子としてホロニックコン**

ピュータをつくるという研究です。

この話は少し難しいですよ。今のコンピュータと違って非ノイマン型コンピュータの一種です。ノイマン型コンピュータとは、プログラムとデータを保存する場所、実際に計算を行う場所などがあって、プログラムに沿って処理を実行する。これが現在のコンピュータです。非ノイマン型は、ノイマン型ではないコンピュータの総称です。ホロニックコンピュータは、非ノイマン型コンピュータなのです。

当時、東大の薬学に清水博《しみずひろし》先生という有名な先生がおられました。なんで有名かというと、複数の振動子を結合させると、両方は同期したり逆になったりしますが、それを数学でモデル化したのです。これがホロニックコンピュータの基本素子です。ここまで、わかりますか？

オンとオフの今のコンピュータと違って、人間の脳みたいなコンピュータです。その学生は振動子として女性の生理の周期に着眼しました。ホロニックコンピュータは、複数の振動子があって、その間の結合度合いを変えてやれば、いろいろな振動パターンが出現するのです。もう、わからなくても気にしないでください。

さて、彼はなぜ女性の生理を振動子として発想できたのか？

彼が工学部の学部生だった頃、とある女子大の寮祭に行くのを楽しみにしていました。年に1回だけ女子寮に一般の男子学生が入れるのです。

約300人の女子大生がいるのです。そこでご馳走《ちそう》をしてくれるのです。朝早くから並ぶと、

「はい、あなたたち、この4人はこの部屋ね」と連れて行ってくれる。行くと、4人くらいの女の子が、ご馳走をつくって待っています。お金取りません。

意味わかりません。でも嬉しい。京大やら阪大やら入り混じった男たちは、楽しくお話して、悪いから晩御飯をご馳走します。その席で飲んでいて、たまたま興味深い話が出たんですね。

女性は同じ部屋にずっといると、それまでバラバラだった生理が同期するのだそうです。女工さんたちの間に起きる不思議な現象として知られていますが、彼はそのとき初めて耳にしました。

「えっ?　それすごいやん。え?　どういうこと?　匂い?」

「わからない」

彼は「ふーん」といいながら、フェロモンかなんかなんだろうかと深く記憶に刻《きざ》みました。彼はそのあと生物工学科に学士入学しましたが、これが動機というわけではありません。もともと興味があったんですね。

さて、研究発表は、女性を振動子として結合の度合いを変えるホロニックコンピュータの提案です。女性を一人ずつ個室に入れておいて、部屋ごとに空気の流れを制御してやると、ホロニックコンピュータができるのです。

数学に「セールスマン巡回問題」があります。いくつかの店があって、セールスマンが回ります。どういうルートで回れば一番早く回れるか?　そういう有名な問題ですが、今のコンピュータはこれを解くのが下手くそなんです。

新しい脳みたいなホロニックコンピュータなら瞬時に解けるはず。ところがこのコンピュータは、振動子が女性の生理だから、1周期1ヶ月。だからだいたい10年くらいかかるというお笑いです。

早く解くために非ノイマン型をやっているんだけど、これをやると遅くなる。でも考え方は間違っていない。内輪受けの笑いですか、これ。


で、この話のオチですが、84年から86年のグランプリは三つとも同じ学生だったのです。彼は今「マイクロナノマシン」の研究者になっています。私です。

発表した研究は、みんな傾向が違います。いろんなものが頭に入っているんです。それが出口を求めて押し合いへし合いしている。だから変な研究ができるのです。

大学に「利口」「効率化」を求めてはいけない

◆プロジェクト研究方式という20年前のアメリカの失敗をいま真似している

大学に「遊び」がないとどうなるのか？　**「利口」が育って「バカ」が育ちません。**今の大学の主流はプロジェクト研究です。しかも短期。これに問題があることは、世界中の学者たちはわかっているでしょう。

一言でいうと、**ギスギスしてしまう。**研究者がギスギスして、研究室がギスギスして、たぶん家に帰って、家庭もギスギスさせているんじゃないでしょうか。

プロジェクト研究は、ドーンと大きいテーマを設定して、５年間でこれを解明します、これをつくります、といってお金を取ります。５年経ったら、できたのかチェックされる。これは、会社の仕事のやり方です。

お金はある程度必要です。でも、大学のやり方は違うはずです。密《ひそ》かに、だれも考えていないことをじっくりやって、たまたまうまくいったら、それを発表する。好奇心１００％で突き進みます。**真剣ななかに遊びと余裕が含まれている。**いつできるかなんて、風にきいてくれ。

何が、いつできるかをあらかじめ公言して、競争でお金をとって、短期間をしゃにむに突っ走る。まあ、工学の世界にこういうのがあってはいけないとはいわない。でも、全部がこれになったら、**「利口」だらけで「バカ」が絶滅してしまいます。**

サイエンスの世界でも、理由のわからない現象があると、「5年以内に探究して解明します」といって金を取ります。期日が来たら、審査されるから、必死で頑張ります。でも、できない。できないのは当たり前なのですが、プレッシャーがどんどん強烈になってきます。なかには、ちょっとインチキする人も出てくる。

強いプレッシャーにさらされて、嘘をつくというのは、人間のサガじゃないですか。人間はそういうふうにできている。それがわかっていないのです。

ある時期、アメリカはそれで失敗しました。20年ほど前、そんなことばかりやっていました。3年間のプロジェクト、5年間のプロジェクト、しかし、3年、5年なんてアッという間です。ベンチャーはいっぱいできた。しかし、長期的で根本的なまともな研究ができなくなってしまった。研究者は面白くなくなって、優秀な人は会社に移ってしまったのです。MITの教授まで会社に行ってしまうという結果になったのです。

今の日本は、これと似ています。ゴールが自明で効率競争をする。私はそれは違うと思います。**ゴールを自分で考え、たっぷり時間と手間をかける「ユニークなゴール」の発見が命です。**だれも気づいていないゴールです。

こうでなければ、「バカ」の芽を摘《つ》み取ってしまいます。

◆もののお世話、人のお世話を何から何まで自力でする

1個の賞味期限切れの生卵と1枚のボール紙、それと糊。これで何ができますか？とても面白いことができるのです。小学生から大学生、社会人の大人まで、みんな楽しめる。これも、生田研究室の名物になっている「卵落とし」です。

生卵を高さ30メートルの大学の屋上から落とします。１００％割れますね。ボール紙と糊を使ってある装置をつくります。生卵を割らないで落とす。

こんなことやるって「自分初」でしょ。わくわくするでしょ。みんな顔が生き生きしてきます。イマジネーションが活性化しているのです。

ボール紙で何かクッション装置をつくればいいのか？

飛行機に乗せて軟着陸することはできないか？

もみじの種が、プロペラみたいにくるくる回って空中を浮遊するように、落下スピードをう

んと落とすことはできないか？

自分の方針が決まれば、スケッチ、設計図をつくりはじめます。手が動き出したのです。そして試作。実験。失敗。修正。または基本的に方針を変更します。こうなるともう夢中です。


私は、研究とは、自分の身体を完全に使い切ることじゃないかと思います。頭、手、情報を取るための目、耳。ディスカッションするための口。人に会いに行くための足。

もう一つ、私が重要視するのは、「**すべてを自力でやる**」です。手間がかかります。時間がかかります。効率は悪いです。確信して物事を進めるためには、これだけのことが必要なのです。


「**生きるために、何が一番必要か**」**といわれたら、**「**確信することだ**」**といいたいくらいです。**

さて、装置が完成したら屋上に。一人ずつ自作の装置を屋上から30メートルの空間に手放します。やってみたいと思いませんか？


私は、研究者が一般的にもたれているイメージと異なり、パーティが好きです。といっても、正装してホテルのパーティに出かけるのではありません。研究室のパーティです。ことあるごとにパーティを開いています。

何が楽しいかというと、パーティの準備が楽しいのです。限られた予算と時間で、計画から、

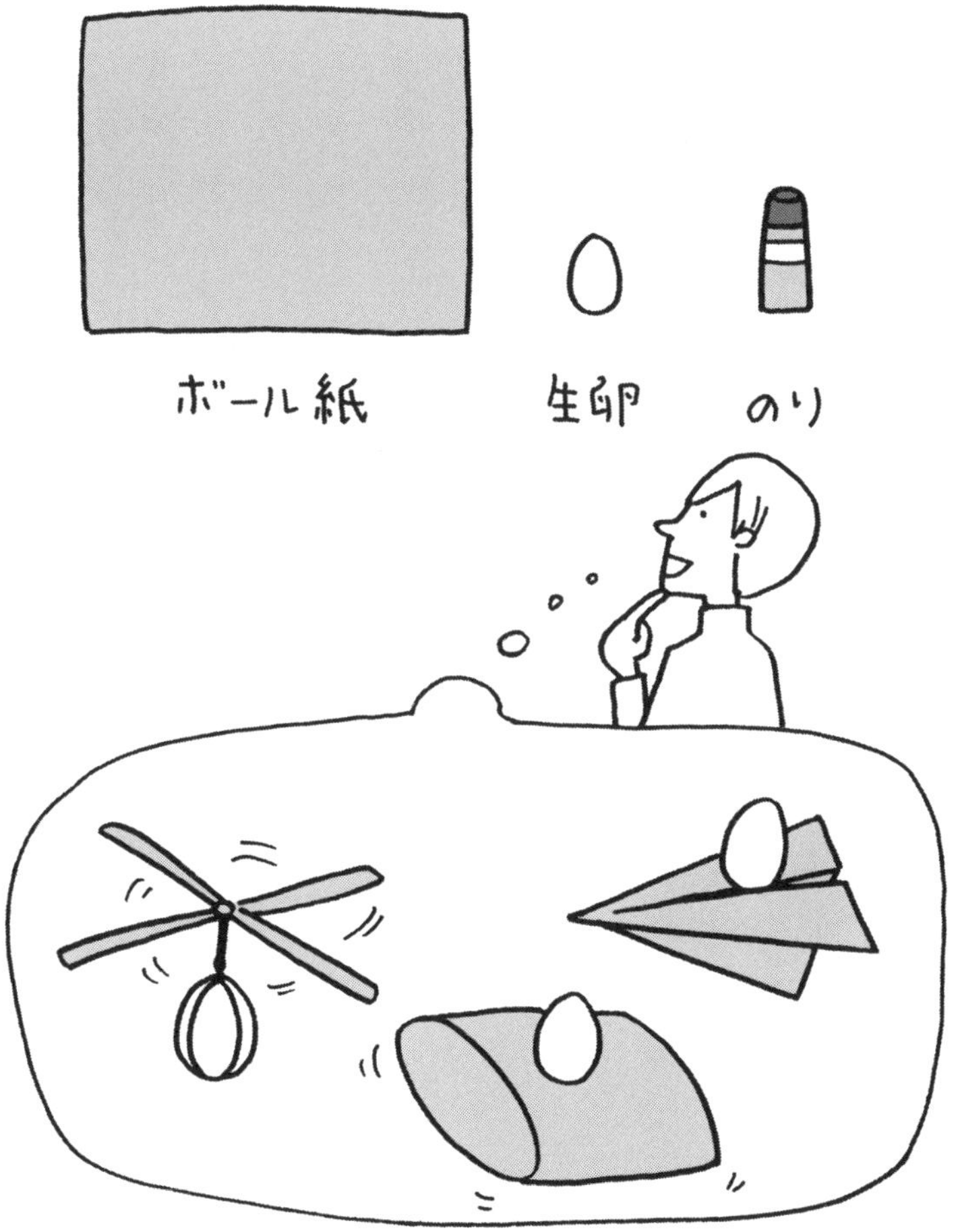

生卵を割らないためにはどうするか？

料理、飾りつけ、盛りつけまで、すべて学生だけでやり、私はただ見ているだけ。資金のサポートはしますが。

人のお世話をする、人を喜ばせる、そこに工夫を凝《こ》らすとき、「バカ」に必須の能力が育ちます。想像力です。**研究の、その根本にあるのは、人を喜ばせることです。**

メニューづくり、買い物から調理、盛り付けまで、すべて自分たちの手を使ってワイワイやるので、お互いの個性がわかります。相手の個性を発見すれば親しくなるし、助力を求め、手を貸してあげる関係が生まれます。

自然発生的な共同作業です。これによって研究室の雰囲気が決まります。そのなかで個々人が「世界初」を目指すのです。

殺伐《さつばつ》としたプロジェクト研究の後でこういう話をすると、おそらく牧歌的に感じることでしょう。しかし、プロジェクト研究の発祥の地アメリカでも、「他人のお世話」を学生の選抜の一要素として重要視しているのです。

どんなボランティアを、どんなふうにやって、何を学び取ったのか。それを語るとき、人間性が表れます。学力を取るのではなく、人間を取りたいからです。将来伸びる人間か、人類に貢献する人間か、成功して、いつか大学に多額の寄付をしてくれるか？

そこを見抜きたいのです。**その人の創造性に触《ふ》れたいのです。**私の研究室で楽しくやっている「卵落とし」も「手づくりパーティ」も、じつはみんな創造性教育です。

生田研究室は「バカゼミ」ですが、海外の大学に行くと、それぞれ独自の創造性教育を工夫して、大事にしています。スタンフォード大学は、創造性教育にたずさわる教授、助教授が、全学部で20人くらいいます。

ものをつくるのにも、工学系と文化系の学生を組ませてつくらせます。学部でさんざん創造性教育、プレゼン教育を受けたあと大学院に行くから、まともな研究ができるわけです。何より、ベースが大事なのです。

日本の大学は「文化」を入れ忘れた

◆芸術学部のない大学をユニバーシティといえるのか

ユニバーシティとカレッジの違いを、英語の時間に学んだとき、ユニバーシティは総合大学、カレッジは単科大学だと覚えたと思います。東京大学、京都大学や大阪大学は総合大学、一橋大学や東工大は単科大学だと。

ところが、アメリカに来てみると、大学観が違っているのです。**日本のユニバーシティには足りないものがあるのです。芸術です。**美術、音楽の学部がない。アート、ミュージックの部門がないのは、総合大学ではないらしい。

別の言い方をすると、**日本の大学には文化がない。**こういってしまうとショックですが、確かにある能力に欠けた学生を生み出しているのは間違いがないようです。その能力とは、プレゼンテーション能力です。

私の行ったＵＣサンタバーバラのように、カリフォルニア大学でもわりと小さい大学でも、ちゃんと美術や音楽を教える芸術学部がありました。それがないとユニバーシティとはいえない。アメリカの定義ではカレッジなんだそうです。

ハッとして見渡してみると、確かにみんなあります。ヨーロッパのユニバーシティにはもともとそれがありますが、明治にヨーロッパをお手本にして学制をつくったとき、真似しきれていなかったのです。富国強兵が技術導入の時代だったからでしょうか。

◆芸術学部がない大学ではプレゼンテーション力は育たないのか

私は機械系の人間ですが、機械には図面があります。「設計」は必須科目ですが、これを英語でいうとdesignです。設計はdesignなんです。

機械系の学生はみんなdesignをやっているのですが、「デザイン」というものは、ご存知のようにもう一つあります。アート系のデザインです。デザイナーとか、グラフィックデザインとか、みんな日本語になっています。

日本でこれを学ぶには、芸術大学、あるいは美術大学という単科大学、カレッジに行かなければなりません。**つまり設計とdesignが分離しているのです。**日本語で「設計」と書けば、機械系のカリキュラム。「デザイン」といえば芸術系。どっちもdesignなのに。

理系のなかでは唯一、建築学科だけが、その両方をやっています。

建築の学生は、構造力学など建物がちゃんと建っていられる力学的計算を学び、同時にデザインをやります。パース画というパースペクティブの絵を描きます。立地条件の中にそれが建っている外観の姿ですね。

設計図を描きます。正確に縮寸した模型をつくります。模型は、土地の傾斜、樹木、水の流れなど立地条件をそのまま再現します。これらは、強度計算とかに比べると、断然芸術系の作業ですね。

安藤忠雄《あんどうただお》さんは、大学で専門教育を受けなかった独学の建築家です。工業高校時代にプロボクシングのライセンスを取り6回戦ボーイまで行きましたが、ジムにきたファイティング原田のスパーリングを見て、「こりゃ、あかん」と断念。

夢が建築に定まり、お金を貯めてコルビュジェの高い作品集を手に入れました。そこにはたくさんのイメージスケッチ、検討スケッチ、ドローイングなどが収録されていて、それを繰り返し模写して、建築家の頭の中で起こっていることを想像したと、講演で話しています。

若く、貧しく、無名な修業時代は、旅が勉強でした。優れた建築物を訪ね歩き、風光の中でとっくりと見るために。あのでっかい目で、全体を、細部を凝視したのでしょう。日本をてくてく旅し、外国をてくてく旅し、その建築物から受ける感銘《かんめい》を夢中でスケッチしたそうです。

設計とdesignの分離。日本以外の国では、こういう奇妙《きみょう》なことは起こっていません。アメリカに限らず、フランスもドイツもそうです。私の知っているイギリスのグラスゴー大学も、工学部の横にデザイナーを養成する学科がありました。

機械系の学生も、この学科でプロダクトデザインを描くことを訓練されます。これは重要なことなのです。**絵がないと、コンセプトがいえないでしょう。**私はアイデアが浮かぶと、その場で漫画にしてしまいます。けっしてうまくはありませんが。

頭のなかにパッと浮かんだものを、人に伝えるには、絵しかないのです。あいまいな部分をなくすためにも絵に描いてみせるのが有効です。「こんな装置があったら、世の中変わるだろうな」と感じさせるのが絵の力です。絵を見せて相手の想像力に火をつけ、お金を取ってきて、それを元に実際に技術を開発したりするのです。それがスタートです。へたくそでも絵が描けなきゃダメです。

もちろんその前に発想が大事なのですが。レオナルド・ダ・ヴィンチの手記には、当時のだれもが見たことのない様々な機械のスケッチがありますね。「だれも見たことがない」というのは、いい発想を意味しています。**空想、いや妄想が重要なんです。**

違う文化のなかに飛び込めばバカが生まれる

◆大きい大学は大きいなりに、小さい大学は小さいなりに頭を使っている

東大の寄付金はいくらだと思いますか？　おおまかにいって24億円くらいです。京大や阪大よりずっと多く、日本でトップです。

では、アメリカのハーバード大学の寄付金はいくらくらいだと思いますか？　だいたい２・５兆円です。片や２・５兆円で活動し、こなた24億円で活動している。予算がすべてではありませんが、これで勝負できるでしょうか。

私は89年に、カリフォルニア大学から帰国して東大の講師になったとき、大学に依頼され、とんぼ返りでまたアメリカに戻りました。アメリカの入試のあり方、面接を含めて、どんな人選びをしているのか、調査に行ったのです。

ハーバード、ＭＩＴ、バークレーなど、どういうような方式で学部生、大学院生を選抜して

いるのか？

ハーバードの事務部門は、各部署のトップは女性が多く、みんな修士を終えたレベルの人です。入試だけの担当官が、40人から50人もいます。これが2・5兆円のやり方なのでした。特徴的なことは、データベースが完備していることでした。

たとえば、こんな具合です。

ハーバード「日本から来たのですか。では、アジアの高校のお話をしましょう。タイの〇〇高校を知っていますか？」

トーダイ「いや、知りません」

ハーバード「私たちは、タイの有力な高校の偏差値がすべてわかっています。タイの高校の子がハーバードに応募してくると、同じ5点でも、こっちはレベルが低いとか、全部わかっていますから、その上でどんどん審査していきます。データはありますか？」

トーダイ「いや」

ハーバード「なんでデータをもっていないんですか？」

トーダイ「そんな来ないから取ってないし。データがないのは、一発試験だけやってるからでしょ」

この差は、予算額の問題だけなのでしょうか？

ハーバードは、これくらい真剣にやらないと、20年後には大学がなくなっているかもしれないと考えているのです。

ハーバードに入って成長してほしい。あとで偉くなって社会で活躍してほしい。そして寄付金をポーンと入れてほしい。

ハーバードは私立だから、そうでないとお金が回らないのです。**ハーバード方式がすべてだとは思わないけれど、彼らは、長い大学の歴史の中で最適化を進めてきたのです。**

カリフォルニア工科大学、Caltech は、ＵＣＬＡとかＭＩＴに比べたらちっちゃな大学です。でも、毎年の大学ランキングでは、トップ５にいつも入っています。

インペリアルカレッジは、ロンドンの博物館の裏にあるちっちゃな大学です。そこだって、いつもベスト10に入っています。ノーベル賞をとった人もたくさん出ています。学生の数に対する偉くなった人の比率を考えてみると、いかに優れているかわかります。

スタンフォードも特色のある大学で、医学部の学生でさえ、ベンチャーのつくり方を教わっています。医者をやりながら「この機械は、ここを改良したら売れるな」と思えば、すぐにベンチャーにします。学生時代に単位として学んできているからです。

アジアを見てみると、シンガポールが目を引きます。教授陣はアジアの人間だけではなく、イギリスをはじめ、いろいろな国から来ています。

マレーシアから独立したシンガポールは小さな国で、人口も少ないのですが、特色をもち、成果を上げている。それは、国がはっきりした戦略をもっているからです。

ナノテクがはやったときには、ナノテクに特化して、世界中からナノテクの研究者を集めて研究させせました。特許はシンガポールのものです。知財に国策を集中したのです。

シンガポール大学が一番有名ですが、ナンヤン工科大学という大学があります。日本でいえば東工大。ここも外人部隊が多く、Nature や Science の論文がたくさんでました。ところが、お金を使ったけれど、シンガポール経済を支えていない。

そんなこともあって、今、第四の大学を構想しています。スタンフォードのように学問の水準が高く、そこから出た人がベンチャーを起こしたり、シンガポールのためになる経済活動ができるような、新しい理工学部をつくるのです。

この大学の主要学科は機械でも電気でもなく、私の研究分野である医工学を狙《ねら》っています。高齢化を視野に入れた医療と福祉を重要な研究ジャンルとして、技術開発をする学部の創設です。

シンガポールの官僚は、どうしてこういう戦略を立てられるのか？

彼らはずっとシンガポールにいたわけじゃありません。海外の大学で学んでいる。**アジアの国々は、台湾だって、韓国だって、中国だって、トップクラスの3割は海外に出しています。グローバルな教育を受けて、そのなかの勝ち組が自国に戻っているのです。**入試の点数だけの人じゃないのです。もちろん点数もよかったでしょう。だけど、海外に出てから鍛《きた》えられて、しかも違う国で成功しているから戻されるわけです。

日本には、呼び戻そうにもその弾《たま》である人材がありません。どうして日本の大学とこんなに違うのでしょう？

◆「かわいいバカには旅をさせろ」が世界の大学の合言葉だ

こういうデータがあります。新しい研究テーマを考えて、国からお金を取る研究者は、母校出身でない人が多い。そのまま母校に残らず、他の大学や研究所に移動している研究者が圧倒的に多いのです。

なぜでしょうか？

いろいろなところで、いろいろな人と会い、いろいろな研究を見ています。楽しみも含めて、いろいろな苦労をしてきているので、視野が広いのです。そういう人は、着眼もとらわれがなく、「あ、これ面白いぞ。まだだれもやっていない」と新しいテーマに気づきます。それを、多彩な経験を生かして、じょうずに料理して申請するから、認められるわけです。

同じ大学で、同じ人とずっと付き合ってきた人は、どうしても視野が狭《せま》く、発想が固定的になっていて、気づきません。

日本以外の国では、これは「自明なこと」とされています。だから、同じところにじっとしていることはありません。たとえば、ハーバードには、ハーバード出身者は絶対に教授になれないというルールがあります。

ヨーロッパにも同じ文化があります。だから欧米の研究者たちには、「日本の大学では、ずっと同じところにいるのがふつうだ」ということが信じられません。

国際会議に出席して議論をし、そのあとの2次会あたりになるとみんなくだけた会話を楽しみますが、この話題を出せば、「え？　日本ってずっと同じところにいるの？　そんなことありえないよ」とみんな驚きます。

私が、阪大、東工大、UCサンタバーバラ、東大、九州工大、名古屋大、また東大とどんどん移ってきたことを知っている海外の研究者は、これを冗談のタネにして、「お前、日本人にしてはいっぱい動いてて珍《めずら》しいね。日本じゃ大学を動かないのがエリートなんだろ」といって笑います。

「バカ」を育てようとしていることは、アメリカもヨーロッパも同じです。

ドイツの友人は、同じところでずっと上がっていくのは「違法だ」とまでいいます。「法律違反」だというのですから、きつい言い方です。日本では望ましいと思われている昇進スタイルが、「望ましくない」でもなく「よくない」でもなく「法に違反する」というのですから、大きな違いがあります。

「俺たちの大学では、母校の人が固まるのは法律違反で危ないんだ。だから意識的に違う大学の出身者をとろうとする。身内で固めているように思われたら、学部長もその下にいるものも首になる」

日本では、ご存知のように同じ大学の出身者で固めようとします。そこで起こるのが、目を見張る新機軸の研究ではなく、足の引っ張り合いで、悲しいことです。

欧米のルールは、優れた業績を上げるにはそうしたほうがよいという経験からくる英知でしょうが、アメリカやヨーロッパというものの成り立ちが背景にあるのでしょう。

アメリカは、多くの国々からの移民が構成する国です。そのなかで白人のアングロサクソンが、結局のところワシントンＤＣをおさえているのですが、表向きはそうなっていないように振舞わなければならない。

チャンスは平等というのが、国のシステムの理念だからです。実際、どこの国から移民してきたにしろ、移民一世、二世の優秀な人がアメリカンドリームを実現して、大出世したり、大金持ちになったりできるのです。

ヨーロッパでは、民族が結構動いているという歴史もあり、ヨーロッパ全部が一つの国です。アメリカと同様に、多民族が一つになっているので、一部分が閉じた存在であったり、流動性を損《そこ》なうことに敏感で、それが大学にも、教育にも及んでいるのではないでしょうか。

生きのいい組織であるためには、常にシャッフルして刺激を与え、特権や利権が生じないようにしなければならないのです。そうしなければ「バカ」は育ちません。

島国でほぼ単一民族が構成する今の日本は、大学の世界ランキングを気にして、30位だ40位だといいますが、統計的な問題ではなく、やはり文化として負けています。

「バカ」が育ちにくい風土で、なおかつ「バカ」に育てるには、いくつかの有力な方法があります。

その一つは、**海外に行かせること**です。ずっと同じところにいたらわからないことを、違う文化のなかで初めて気づいてもらうのです。

東大に残って一歩一歩階段を登り、とうとう教授になったり、官僚になって、そこにいる大学の先輩とまたつきあって、事務次官を目指して上がっていくのでは、他の社会を知りようもありません。

MBAをとるために短期留学をするということはやっていますが、それに加えて、官僚をアメリカで5年間修行してこいとか、フランスに行ってこいとか、「バカになって帰ってこい」といって海外に出したらどうでしょう。

その人を変えるには、違う場所、違う文化のなかに入れて、衝撃を受けさせ、容赦《ようしゃ》のない戦いに明け暮れさせることが必要なのです。

そういうなかで、想像もつかなかった破格の才能、とんでもない努力、考えたこともなかった発想、信じられない嫌な奴、激しい人と人の衝突、深い理解のし合い方、本当に尊敬できる人物に出会うことができるのです。

私は、わずか2年のアメリカでの研究生活でしたが、その経験はじつに濃密で、「別のキャラになって帰ってきた」といわれました。

第2章

笑われる人になってこそ、ことが始まる

どうすればバカを見つけて育てられるか

◆一次試験は筆記、二次試験は「卵落とし」で東大に入る

「卵落とし」をやっていると、たまたま風が吹いて、建物に自作の装置が衝突して、地面に着く前に割れてしまうことがあります。実験のあと、レポートを出してもらいますが、「自分のときだけ風が吹いて……」と愚痴《ぐち》が書いてある。これはダメなんですね。

屋外なんだから、いろんな自然現象が起きます。横から風くらい吹きます。そこまで想像力を働かせたうえでやるのが「卵落とし」なのです。

大学の入試や上級公務員試験は、主としてペーパーテストでその人の能力を判定しますが、「卵落とし」もやったらどうか？　これ、冗談と受けとられるかもしれませんが、冗談でもないのです。

ペーパーテストというものは、人を見ていないのです。わかるのは、「記憶力」と「要領」

のよさです。同じ時間を与えたら、その時間内に問題をどこまでこなせるか。その能力をはかっているのが、ペーパーテストです。

なぜこれでいくかといえば、手間がかからず楽だからです。これまでは、このやり方でよかった。物をつくるにしろ、官僚として仕事をするにしろ、前例があるものを真似することで済んでいたからです。

「いかに早くじょうずにキャッチアップするか」の時代なら、これでいけますが、今はそういう時代ではありません。**「想定外のこと」でもパッとこなせる人に、役人なり政治家になってもらいたい。ものづくりをする人になってもらいたい。**

その能力を要求する判定法として、たとえば「卵落とし」がありうるのではないか？　考え方として、どうですか？　考え方として悪くないのであれば、やりましょう。知恵を絞《しぼ》れば、他にもいろいろ考えられるはずです。

それを毎年、順ぐりにやれば、試験風景もずいぶん変わるでしょう。なんだか楽しくなってきませんか？　そうでなければ「バカ」は排除されてしまいます。

こういうことをいうと、「突飛《とっぴ》すぎる」とか、「真面目に考えているのに」とか、「思いつきでかき回さないで」とか、「できるわけないでしょう、そんなこと」なんていわれます。

日本が世界に誇る「バカ」の親玉、本田《ほんだ》宗一郎《そういちろう》なら、「やってみもせんで、何をいっとるか！」というでしょう。

◆「試験問題に間違いがあった、ごめんなさい」と謝ることなんかない

柔軟に考えると、ふざけていると思われる。その一つの例をお話ししましょう。入学試験です。ある問題に欠陥《けっかん》があった。予備校の先生がそれを指摘した。大学側は泡を食って謝ります。「受験生の皆さんには大変に申し訳ないことをしました。その問題を採点の対象から外します」。これは正しい対応でしょうか?

正しいかもしれませんが、唯一の対応ではありません。

そもそも、試験問題はどうやってつくられるのか。大学の先生は、突然指名されるのです。「来年度入試の数学の問題を、Aさん、Bさん、Cさんでつくってください」。それで「えっ!」とかいって、「高校の教科書はどうなっているんだ?」「河合塾はどんな問題を生徒に解かせているんだ?」と調べ始めるのです。

東大などは、過去に似た問題があったらだめなのです。阪大もそうですが、プライドで外すのです。ところが、外すと失敗するわけです。理科系がそれまでにない問題を出すと、物理とか数学で「抜け」ができるのです。

解けない問題ではありません。正解はちゃんとある。それで採点を進めます。

ところが、試験問題を検討した予備校の先生からクレームがつく。

答えに「抜け」があるというのは、別解があるのです。「ちょっと考え方を変えると、解釈がこうなります。そうすると違う答えになる。それをバツにしたのか？」と、追及されます。

物理や数学ではこういうことが起こるのです。そんな学問なのです。私たちが大学院の試験問題をつくるときでも、そんなことはしょっちゅう、というといいすぎですが、わりと起こるのです。

私は前から学科内で提案しているのですが、**問題用紙の一行目に「問題に抜けがあることを発見した学生には10点あげます」と書いておけばいい。**「われわれは、そういう人たちも望んでいる」と。

見つけた人は、出題者の先生よりいいセンスしているのですから、それが物理の問題だったら「見つけただけで、物理、満点あげます」と書いておけばいい。大学院の試験なら、これで十分だと思いませんか？

ところが、大学院ですら、一つでも間違っていると、お詫《わ》びしなきゃならない。だから大変なんです。「はじめから一行書いておけば、簡単じゃん」と散々いってきましたが、みなさんノリが悪いですね。

私は、この対処法はとてもいいと思っているのですが、どうですか？
「おかしいな」と思って考えて「ここ矛盾《むじゅん》しているんじゃないか」と見抜いたら、その高校生はわれわれより頭が数段上でしょう。

もっと進めて「間違いを入れてあります」といったらどうでしょう。問題を出すのはわれわれなんですから、そういう権利があります。「今年は選抜方法を変えました。間違いを探せる人がほしいんです」っていえば面白くないですか？

東大に戻ってから、この8年間うちの学科でいい続けているけれど、「はあ？」って一笑に付されて「はい、次の話題」とかいって終わりです。名古屋でも、マジでそういうことをいっていたのですが、みんな「真面目」ですね。

この「真面目」さは、単にレールから外れるのが怖いのだと思います。**前例がないことは不安でやれない。これが、バカの対極にあるものだと思います。**

レールから外れてこそ見えるものがある

◆「びっくりさせる」に人生をかけてしまう人がいる

小さい頃、物陰に隠れて、突然「わっ！」と叫ぶ。これを1回もやったことのない人っているでしょうか。人間は、びっくりさせるのが好き。**びっくりさせる巨匠といえば、やっぱり糸《いと》川《かわ》英《ひで》夫《お》先生かなと、思います。**

本郷キャンパスの私の部屋のある建物の前の庭には、ガラスのショーケースの中に、日本初の人工衛星「おおすみ」と、ペンシルロケットの模型、そして糸川先生の写真が飾ってあります。お会いすることはできませんでしたが、糸川英夫先生といえば、昭和時代の工学系学生の英雄です。

その糸川先生が、週刊誌のグラビアに確か白鳥の湖かなにかの格好をして出ていて、衝撃を受けたことがありました。バレエが踊れてすごいとかいう前に、「ようそんなカッコできるな。

恥ずかしくないか」と思いました。

私の知っている糸川先生は、戦争中は、旋回半径が極端に小さく、あっという間に敵機の後ろにつく戦闘機「隼《はやぶさ》」の天才設計者だし、敗戦後の10年間、飛行機やロケットの研究を占領軍に禁じられていたのが解禁になるや、日本初のロケット、ペンシルロケットをつくって飛ばしたロケット博士だし、退官後は、組織工学研究所をつくって、今まさに世界で起こっているビジネスに影響を与える動きを分析して発信し、80年代にはベストセラー『逆転の発想』を書いてみんなを勇気づけ、脳科学だ、占星術だと好奇心の翼を広げて飛び回っている超知性の人だったのです。

私も先生の書いた啓蒙書《けいもうしょ》、縦書きの本をたくさん読みました。「8割の人が反対するのがいい研究だ」という一節には、ロボット研究に対して学会に理解がなかった時代、ずいぶん励まされたものでした。いわば私の恩人です。

その糸川先生が、タイツとレオタードを着て、バレエシューズを履《は》いて、もちろんお化粧もしてステージに立ってポーズしていたのですから。あっけにとられましたね。

「最後はバレエかよ」

ということは、私も、退職したら糸川先生に負けちゃいかんと、バレエをするのか？　私はできません。

糸川先生と懇意《こんい》にしていた編集者が、たまたまこの本の編集者でした。その人にバレエの件を尋ねると、こんな会話を交わしたことがあるそうです。

「よく足が上がりますね」

「そんなもの、科学的にやればいいんだ」

「科学的って何ですか？」

「家にタンスがあるだろ。そのタンスの一番下の引き出しを開けて、足をまずのっける。それがのっかったら、板を一枚のせて足を上げる。だんだん板をのっけて上がってきたら、次の引き出しでやる。そうやっていくと自然に上がるようになる」

1年3ヶ月で耳の高さまで足が上がるようになったそうです。

足のポジションも、同じようにしてできるように。1番のポジションは、かかとをつけたまま、つま先を180度開きます。つま先を180度広げると、なれない人はひざが曲がります。それを矯正するため、そのポジションの木の枠をつくりました。出張で長距離列車などに乗るとき、通行の邪魔にないところを探して連結器のところで靴を脱いで足枷の枠に足を入れて立っている。その積み重ねで2年かけてポジションの1から5まで完璧にできるようになった。

そして、**練習していることを秘密にしたそうです**。ここがとっても重要です。家族にも秘密。汗びっしょりになったレオタードとタイツは、研究室で自分で洗って、だれも気づかないところに干す。こうしてゆっくりと密《ひそ》かに上達します。

戦闘機「隼」をつくり、バレエをする糸川英夫先生

さて、バレエの公演が決まったら、みんなにそのプログラムを送り、初めて覆《おお》っていたスクリーンをバッと取るのです。

みんな、腰を抜かさんばかりにびっくりします。

こうやって人を驚かすのって、ふつうの人でしょうか？　そもそも、どうしてバレエをやろうなんて思えるのか？

糸川先生が貝谷《かいたに》バレエ団の貝谷八百子《やおこ》さんを何かの用事で訪ねたとき、ふと稽古場をのぞくと、女の子たちが、青竹で叩かれながら、真剣な顔でバーレッスンをしていました。

「なぜこうも真剣になれるんだろう？」

貝谷さんは、「おやりになってみればわかりますわ」と答え、糸川先生はその場で入学の申し込みをしたのでした。

私だったら、申し込みできませんね。なのにどうして糸川先生にはできたのか？　だいたい女の子たちは5、6歳で入学しますが、糸川先生はそのとき62歳です。

糸川先生は、女の子たちが真剣になる理由を、本当に知りたかったのか？　真相解明が本当の動機だったのか？　ちがうんじゃないかな。

そのとき「あ、そうか。これ、みんなをびっくりさせるのにいい、最高の素材だぞ」そう思ったんじゃないでしょうかね。

そう思ったから、家族にも秘密にして、密かに「アン、ドゥー、トロワ」をつづけたのではないのか？　5年間、みんなのびっくりする顔を思い浮かべ、ワクワクしながら。

そしてある日突然「帝劇でデビューするから、このチケットを売ってください」と、自分のノルマのチケットをさりげなく事務所の人に渡す。びっくりするでしょう。「ロミオとジュリエット」「モンタギュー伯爵　糸川英夫」って印刷してあるんですから。

糸川先生は編集者に、**「努力しているプロセスを見せないで、パッと覆いを取ると、人は必ず、うわー、天才だというね」**と話したそうです。

◆「専門じゃないからできない」ではなくて「よし、そっちに専門を変えよう」

ふつうロケットの発射実験は、上に向かってするのですが、糸川先生は横に飛ばすという画期的なことをしました。予算がないし、そのほうがデータが取れるからです。ぶつかる前に炎がどうなっているか、全部見えるし写真も撮れます。

私の研究室がある駒場の先端科学技術研究所の隣には、戦闘機「隼」が風洞実験した風洞がまだ残っていて、6月初めのオープンキャンパスで、年に1回動かします。糸川先生といえば、飛行機、ロケットだから、ロケット工学の博士だと思われていますが、じつは、音響学博士なのです。

『八十歳のアリア』という糸川先生の著書があります。サブタイトルは「四十五年かけてつくったバイオリン物語」で、ヒデオ・イトカワ号という1台の手作りのバイオリンの話です。これはすごい本で、糸川先生の人生の秘密が書かれています。

三つの式があります。

糸川英夫＝飛行機　（1）
糸川英夫－飛行機＝0　（2）
糸川英夫－飛行機＝バイオリン　（3）

1式は、少年時代から敗戦までの糸川先生です。

2式はそれを移項したものです。敗戦後の糸川先生を表しています。

東大航空学科に航空力学の講座を持っていながら、飛行機の研究をGHQに禁じられ、監視下に置かれていました。先生は、毎日自殺を考えていました。どうすれば、独創的な自殺ができるか？

2式と3式との間には大転換があります。生きる意味が生まれたのですね。それがなぜバイオリンなのか？

疎開先の奥多摩から研究室に通っていたのです。ある日の午前中、安いバイオリンを抱えた一人の学生が訪ねてきます。

「ストラディバリウスのような名器を、貧乏学生が買えるように、新しいバイオリンを発明してください。先生ならできるはずです」

クレモナのストラディバリウスは3億円くらいしますが、それに匹敵するものを安くつくれ、というのですから、ものすごい要望です。

畳敷きの体育館に正座して、夕方まで頼みつづけました。ふつうの返事は、「僕の専門じゃないから、ちょっとねえ」でしょう。糸川先生は、ずーっと学生のいうことを聞いていました。10時間もそうしたあげく、答えました。

「そうだね。君のいうとおりだね」

ストラディバリウスを超える素晴らしいバイオリンを、だれにでも手に入る安さでつくる気になったのです。糸川先生は多趣味な人で、チェロは弾いていましたが、バイオリンは子どもの頃ちょっと習っただけで弾きません。

ふつう、こんなこと引き受けますか？

その後の行動から判断すると、黙って聞いていた10時間のあいだ、こんなことをしきりに考えていたのではないか。

1　講座の航空工学を返上して、音響工学の看板をあげよう。そうすれば、人と予算がつく。

ゼロから勉強をはじめればいいんだし、勉強の方法はもう知っている。

2　最高のバイオリンの製作を、クレモナの職人のやり方ではなくて、糸川式に科学的にやろう。

3　バイオリンのお客さんはだれか？　バイオリニストか？　違うな。作曲家だ。作曲家はどんな音を出してもらえたら満足するのか、嬉しいのか、それを科学的に調べよう。

4　手に入る限りのクラシック音楽の楽譜を調べて、その演奏を聴いて、すべての音がそれぞれ何秒演奏されているか調べよう。全部の楽譜の数値を足せば、ベートーベンやモーツァルトやメンデルスゾーンが、どの音を聴いてもらいたいと願っているのかわかるはずだ。それをよく響かせるバイオリンが目指すバイオリンだ。

5　音響工学が生きてくるのは、それから先の製作過程だ。バイオリン製作者には習わないで、糸川式にやろう。

のみがぴょんぴょん跳んでいる畳に対座して、糸川先生は2式から3式に飛躍したのでした。

そしてどうなったか？　調べた結果、四つの音が他を圧していることがわかりました。ハ長調でいうと、「高いラ」「高いミ」「高いレ」「ラ」です。では名器と呼ばれるストラディバリウスはこの四つを素晴らしく響かせているのか？

さあ、どうですか、どんどん面白くなるでしょう？

糸川先生の博士論文は、「音響インピーダンスによる微小変位測定法」という、先生の論文でいちばん難解といわれるものですが、バイオリンの板に触れずに、板の振動を測るための「測定法」の研究でした。

奇想天外な内部構造をしたヒデオ・イトカワ号は完成し、巨匠メニューインが試奏して「Eの音がよくでるね」と褒《ほ》めます。Eの音はストラディバリウスもよく響かせていない音です。

講座をもつ東大の先生が、突然、「僕、専門を変えます」といったら、「お前、頭大丈夫か?」がふつうですが、ふつうじゃないことをやり遂げて、ある日、知人にコンサートの案内状を送ります。そこには、驚くべきことが書いてあるのです。

「自作のバイオリン、ヒデオ・イトカワ号で、オーケストラ、バイオリンソロ、ピアノトリオのコンサートを、來たる満80歳の誕生日に開きます」

また、「わっ!」が炸裂《さくれつ》したのです。

恩師森政弘先生の「非真面目」な生き方

◆「教室から教卓をなくそう」という大学教授がいた

東工大に行っているとき、森政弘《もりまさひろ》先生の教授室に行くのはワクワクしました。森先生はロボット工学の世界的パイオニアで、私の恩師です。

先生はすごくいいアイデアをもっていて、いつもそれをしゃべってくれました。

ドアを開けると、仏教関係の本がバーッと並んでいて、旋盤などの加工する機械があって、自動制御が専門なのに、ロボットの本なんかどこにもないという意味不明な教授室です。

「なんで教授室に加工機械があるんですか？」と尋ねると、先生は答えました。

「生田君、ずっと勉強していると、ストレスで舌が白くなってくるんだよ。時々、何かをつくるとリラックスするんだよね」

そして机の引き出しをバッと開けると、工作室みたいにドリルとか工具がいっぱい入っている。「うわっ、すげえ」と驚きましたが、92歳になった今でも「卓上旋盤が寝室に置いてある」とおっしゃっています。

子どものときから工作がじょうずで、何をつくっても職人さん以上にぴっちり仕上げるという、変わった先生です。まあ、何もかも変わっていましたね。

仏教なんていうから、辛気臭《しんきくさ》い人かというと、そうではなくてよく笑う人なのです。「氷が溶けるとなんになる?」「水」と答えると「春になるんだよ」といって笑い、「電線に鳥がとまっていられるのはなぜ?」「また何かひっかけるんだな」と思って黙っていると、「落ちたら飛べばいいと思っているからだよ」といって笑います。

道で犬が片足を上げておしっこしていると、このスタイルは自然の発明した素晴らしいデザインだといって喜び、家では座敷に一人でいてゲラゲラ笑って、家族に「お父さん、気持ち悪いからやめて」といわれていたとか。

ロボットコンテストというのは、森先生がつくったものです。いわゆる「ロボコン」で、全国の高等専門学校の競技とMITと東工大でやる競技と二つありました。後者は教育の国際交流で、MIT1名と東工大1名が組んで10チームをつくり争ったりしていました。今は世界中に広まっています。

森先生は、座学を減らそう、教室から教卓をなくそう、ペンチとドライバーを持って勉強しようという考えで、このコンテストも東工大の正式の授業として取り入れています。

そういう人だから、本田宗一郎とつきあいがあり、ホンダのアドバイザーをしていました。ホンダは社内で変な車をつくってアイデアコンテストをやっていましたが、ロボコンはそれに影響を受けたものでしょう。

ホンダのアイデアコンテストは、本来の仕事をする合間に商売にはならない「変な車」を考え、会社から金をもらって製作する真剣な「遊び」でしたが、森先生は呼ばれて、その審査員もやっていました。

私はいつも「森先生の発想は違う」と感心していましたが、森先生は森先生で「本田は発想が違う」といつもいっていました。

本田宗一郎とこんな会話を交わしたそうです。

「車の部品でどれが一番大事かわかるか？」

「エンジンですか」

「お前、エンジンだけの車に乗ってこい。すぐ死ぬぞ。ブレーキが一番だよな。エンジンを開発するのは当たり前だ、むしろそれに並行して同じくらいのパワーでブレーキもつくるんだ」

白い作業服姿の本田宗一郎が、豪快に笑う顔が浮かんできますね。

森先生の東工大の授業は、どんどん変わっていきました。単1形乾電池2個だけのエネルギーで人間が乗って走る車の競争。小さな太陽電池で受けたエネルギーで、人間をどこまで釣り上げられるか、エレベーターの競争。

生田研究室の「卵落とし」や後で紹介する「バカゼミ」がこの流れを引いているのは、ご推察の通りです。

◆テレビ出演するスター教授の懐には、なぜか辞表が入っていた

私の今の研究対象はマイクロマシンですが、教授になってその研究を始めた20年前の頃は、学会から認められませんでした。まあ、いろんな声がきこえてきましたね。

「遊んでるんだろ、こんなにちっちゃいおもちゃをつくって」

「踏んだらおしまいだろ」

「目に見えないものをつくって、そんなの役に立つのか？」

「医者の道具をつくって、医学部の手伝いやってるんだね」

今は、医工連携がだいぶ有名になりましたが、当時は医工学すらないのです。だから、機械屋の連中からは「俺らは新しいものをつくってるんだ。お前、医者の手下やろ。壊《こわ》れたものを直してるんだろ」なんていわれ、確かに壊れたものを直すのだけれど、それはちょっと意味が違う。

私は幸い最年少で、名古屋大教授として呼ばれていきましたが、いろいろ嫌なことをいわれたりされたりして、森先生に愚痴《ぐち》をこぼしたことがありました。

すると森先生は「わかるよ。今だからいうけど」と話をはじめました。

「生田君、君がいた頃、僕は浮いていてね。いろいろといわれたから」

驚きましたね。私は森先生が東工大の輝けるスターだからそこに行ったのです。

「生田君、そういうときは辞表を書くんだ」

「辞表を書いたら辞めることになるじゃないですか」

「いや、出さないけど、辞表を書くんだ。書いてポケットに入れておけ。僕は、君がいた頃、そうしていたんだ」

「ま、まじっすか？」

「いやあ、あの頃ねえ、大学のなかでいろいろいわれて」

「あいつは研究していない」とか、授業中に仏教の話をするので、「宗教を教えている」とか、ロボコンを授業でやるので、「あんなの授業じゃない」とか、機械の古い先生たちから攻撃されたそうです。

どうですか？　日本では新分野を開拓すると、こういうことが起こりがちなのです。それでも「バカ」をやりますか？　**もちろん森先生はバカをやり続けました。ポケットに辞表を入れて。**

「辞表を書いてポケットに入れておくと、気持ちが落ち着くんだ。君も辞表を書いてポケットに入れておけ」

「そんな怖いこと。それで交通事故でバタってなったら、お、辞表だ、とかいって、僕の敵の先生が、生田はもうやめるっていってるからって、病院で回復したら辞表が受理されていたなんて、ヤバイじゃないですか」

そういって笑っておられたのですが、最先端の研究をちゃんとやっていて、授業も学生が満杯で、何も問題はないのに、誹謗中傷《ひぼうちゅうしょう》されていたとは。

「えー、そんなこと」

「そうだよ、そんなもんだ」

そんなもんだそうですよ。

◆とっちらかった研究室を一発で片付けさせる方法がある

毎日見る200通のメールはなんとかならないか?

バカゼミのネタで考えたことがあります。メールを何種類かに分ければいい。速達メール、すぐいくメール、1日かかるメール、1週間後に届くメール。それを最初からつくっておけば、急がないやつは1週間後に届いて、向こうも返事を急がない。

メールボックスには色がついていて、「あ、これ急ぐわ」というのだけ返信して、あとはゆっくり。今おかしいでしょ。どうでもいいものもそうでないものも一緒くたで。

返信しないと、「お前、昨日の見ていなかったの」って、もう心配になって尋ねてくる。200通もメール来たら見切れませんよ。だから分ければいい。宅配便と同じで、遅くていいものは隙間の夜中に送ればいい。

空いている時間に送れば、通信のネットワークを組むのにも、小容量で十分に成り立ちます。高いお金を払わなくてよくなるでしょう。そういっているんだけど、情報系の連中も「え、何いってるの？」という感じで、儲からない話には反応しませんね。

いいと思いませんか？　メールソフトで、「5日前のきてまっせ。あんた、そろそろ返事せえ」と言ってくる。で、ゆっくりコーヒーでも飲みながら返事をする。このくらいのソフトはいくらでもつくれるでしょう。

昔は、電報、速達、ファックスと重要度を分けていました。その発想です。電報が来たら「うわあ、親が死んだか」とドキドキしたものです。森先生は、それをじょうずに使っていましたね。じょうずすぎというくらいに。

私は、森先生の孫弟子で、間に梅谷先生が挟《はさ》まっています。東工大の梅谷研究室に入っていたわけですが、その梅谷先生は、「森先生は怒らなかったけど、一度だけ怒られたことがある」と話されたことがありました。

梅谷先生が助手のころ、下宿に帰ったら電報がきていた。「え？　なんだ？　親が死んだか？」と思って開いたら、「ケンキュウシツ　カタヅケタホウガ　イイヨ」。それで、びっくりして研究室に飛んで行って片付けたとか。

びっくりしますよね。電報ですから。森先生もいよいよ「これが最後通達だぞ」ということを知らせたんですね。「お前、机の周りとか、実験室を片付けろ！」

メディアによって、重要度を使い分けるという英知です。ロボットの研究室ですが、きっと危ないくらい、実験道具などが散らばっていたんじゃないでしょうか。

後年私が大学院生のとき、梅谷先生とランチタイムにばったりお会いしたときのことです。

こんなやりとりがありました。

「生田君、君、ゆうべ学校に泊まったのか」

「そうです」

「髭《ひげ》くらい剃《そ》れ。そんなかっこうでうろうろするな」

私は食堂で怒られました。

「歯は磨《みが》きましたが」

「歯を磨いたってダメだ。私は、昔、『梅谷君、ちゃんとしなさい』って森先生に怒られた。ネクタイをプレゼントされて」

「じゃあ僕にもネクタイ、プレゼントしてください」

「蝶《ちょう》ネクタイするか？」

なんで蝶ネクタイ？

森先生は男前で、おしゃれです。梅谷先生は京大出で身なりに構《かま》わない院生で、髭もろくすっぽ剃らない。森先生はそれが気になったのでしょう。だけど「髭を剃れ」なんて野暮なことはいいたくない。

そこで、「梅谷君、これくらいしなさい」といって、当時流行だった蝶《ちょう》ネクタイをくれたのですね。森先生、このときは電報は打たなかった。その代わりのメディアが、蝶ネクタイだったというわけです。蝶ネクタイをすれば、自動的にすべてが変わりますから。

◆「自在学」のスピリッツをだれが引き継ぐのか

２０１８年に出版された『ロボット工学と仏教』という本があります。森政弘先生から献本してもらいました。これはとっても変わったスタイルの本です。

森先生と、上出《かみで》寛子《ひろこ》さんという若手女性心理学者との間でやりとりされたメールが並んでいます。「先生、先日のメールで書かれたこれこれについて、私はこう思いますけど、どうですか」というような、生のメールですから、とても読みやすくて面白い。

その間に、素朴《そぼく》な感想が挟《はさ》んであります。漫画で、頭の中に浮かんだことを、ぽよぽよんとした吹き出しで描いたりしますが、それです。

「森先生はこう答えられたけれど、本音はこういう意味かな？」とか。

「ん？　上出君はこんなことをいってるけど、こうだったかな？」とか。読んでいると、二人が登場する漫画みたいで、「あ、この人はこう考えた」ってことが、目の前に見えるのです。

メールの数は、削《けず》って600。「上出さん、どんだけ食いついとったんや」と思いますが、でもあっという間に読めてしまう。森先生は91歳でこんな新しい形式の本をつくっています。

彼女はそのおかげで、仏教哲学のことをかなり勉強することができました。この本を読むと、上出さんが訳がわからないところから始まって、ずっと成長していくのが目に見えるので面白い。「これこれの本を読みなさい」といわれるとそれを読み、わからないので、そこを先生に聞きます。家庭教師みたいなものです。

上出さんは、阪大の心理学の博士課程を出て、人間とそっくりの顔をしたアンドロイドの研究で有名な石黒浩《いしぐろひろし》さんのところの研究員をしていました。ああいうアンドロイドが社会に出て行くと、どうなるのか。

心理学者の立場でロボットを見る研究をずっとしていますが、売れない。

心理学会に行ってロボットの話をしてもだれもついてこないし、ロボット学会に行って心理の話をしてもウケない。ある意味、先駆者です。新しい学際の分野をやっていて、ウケない。

「それが独創性の証明だから、頑張れ」。私もそうでしたから、陰で応援しています。旧来の心理学科のポストに就けないのです。今はたまたまご縁があって名古屋大の特任准教授ですが、年限つきです。

数年前に、先端研で森先生に少人数相手の講演をしてもらい、そこで彼女を紹介しました。そのとき彼女は、仏教の話に食いついたんですね。

森先生の仏教哲学の話は私は半分くらいしかわからなかったけれど、彼女は突っ込んで「先生あの部分は？」とメールで聞いていたのです。

先生は宮崎から、それにちゃんと答えて長いメールを出す。気づいたら3年以上の年月が流れ、メールは1000通を超えていたそうです。それを今回本にまとめた。『ロボット工学と仏教』というタイトルですが、先生が切り拓《ひら》いた「自在学」という新しいジャンルの話なのです。

上出さんが、これをきっかけに有名になるといいなと思っています。森先生の本心は、自分はいつ死ぬかわからん。朝になったら死んでるかもしれない。だから、仏教哲学に基づいた自在学を伝えておきたい。

自在学のエッセンスは、いろいろな問題の解決法です。科学的でもあるし仏教的でもある。そのソリューションのつくり方を伝えたいのです。

それで、こんなやりとりになります。

「生田君は、食いついてこないな」

「いや、食いついてませんけど、先生のスピリッツは入ってますよ」

この本だって、森先生のスピリッツによるものだと思っています。

笑われることを学ぶのが生田研究室の「バカゼミ」だ

◆笑われないと点がもらえない学術発表がある

笑われないといけない。優秀な学生にとって、これはちょっとカルチャーショックです。お笑い芸人じゃないんですからね。東大生ですから。

東大・生田研究室のバカゼミは、春合宿でやっています。千葉の検見川《けみがわ》に東大の総合グラウンドがあって、そこの合宿所が安い。１泊して畳の部屋で飲みながらやります。

今年は、１年生の授業でもやると宣言しました。教室だから、さすがに酒は出せない。今はツイッターがあるし、冗談でも文部科学省から怒られそう。雰囲気を出すためにお菓子でも買ってやりますか。

つい20年ほど前には、東大のフランス文学の先生はワインを配って、それをみんなで楽しんだ後、授業をやったそうです。有名な文学者です。

名古屋大時代の生田研究室では16年間バカゼミをやってきました。中津川《なかつがわ》の奥の山の上の一等地に東海地区のセミナーハウスがあって、ここは一泊一人千円台で泊まれます。生田研究室は学生が多く、30名ほどいたので、広い畳の部屋をとって、飲みながらやりました。

どうですか？

やってみたいなと思いますか？

ちょっと怖いぞと思いますか？

怖がらないことです。怖がる人はバカゼミでもうまくいかない。**みんなを笑わせようと思うと、やっぱり「びっくり度」がないといけません。**怖がっているとそれが出てこない。改良研究的なネタだと、全然面白くないんです。

さて、夕ご飯を食べ、お風呂にも入った。「じゃあ、7時頃からやろうか」という感じですね。みんな顔が引き締まりますよ。さあ、行くぜ。

「一人プレゼン15分、プラス質疑10分」で順番にやりますが、興《きょう》に乗るとみんないっぱい質問しますから、どんどん時間オーバーして、結局終わるのは夜中の2時3時。

ウケるのはやっぱり未踏研究です。「まだできるかどうかわからない」研究をそう呼ぶのですが、要するに最先端研究です。

怖がらない人はそれに食いつきます。やる気が出るんですね。プレゼンも俄然《がぜん》燃えるし、質疑もバカバカしく盛り上がる。大笑いのデスマッチになります。

で、いよいよ深夜の表彰式。

グランプリは、学生全員が投票して集計して決めます。私も入れます。「バカ度」10点満点、「ゼミ度」も10点満点。**「バカ度」はユーモアのセンスです。「ゼミ度」はひらめきという知的な部分。**グランプリは、両方の得点がトップのものです。

それからおバカなだけの「バカ賞」、アカデミックなだけの「ゼミ賞」。これはそれなりに価値がある。

年によっては、いいのがたくさん出るときがあります。接戦でグランプリを逃して、これも落としがたい。そういうときは、私が「独創賞」とか賞状に書き込んで表彰します。

戦いすんで寝たと思ったら、朝７時に起こされます。朝食を食べたら、乗ってきた車に分乗して、中津川のバーベキュー場へ移動です。お昼はみんなで河原でバーベキュー。

名古屋では、だれが来てもいいというやり方でしたから、他大学から来た初めて会ったもの同士もいます。でもみんなほんとに楽しそう。

そりゃそうでしょう。真面目そうな顔してバカなことをやった後ですから、よその研究室の学生も、他大学の院から来ている学生も、話題にこと欠きません。「昨日言ってたアレだけど」と話し出します。いつも怖い顔をしている先輩も、面白いところが見えているのですから。

イケメンの若大将みたいな学生がいたときは、彼が声をかけた女の子が４、５名来ていたりして、「あなたたち、だれ?」みたいなこともありましたね。若大将といっしょにバスケサークルをやっている看護学校の学生でしたが。

既婚者の方が来たこともあります。旦那さんが名古屋大の助手で、その人はバリバリの元銀行ウーマン。私が「名古屋大の学生は優秀なのに、彼女がいない」といったら、「私が、彼女のつくり方をプレゼンします」といって、特別賞をかっさらっていきました。

その方は、すごくいい話をされました。「結婚する場合、こういう状況で決めたらダメ」とか、自分のことも含めて上手にプレゼンされました。途中でパワーポイントが飛んでしまって、後半は資料なしで、口だけプレゼン。男30人、みんなめっちゃ引き込まれて聞いていましたね。

私もそれ、30年前に聞きたかったよね、みたいないい話でした。

こういうのがバカゼミです。次に過去にグランプリを取ったものを、いくつかご紹介してみましょう。

◆好きな夢を見る方法の実験的研究

この実験をしたのは、修士課程の大学院生の高橋君。下宿で二人で実験します。一人がジャージを着て寝ていて、もう一人は起きて観察しています。夢を見るときはレム睡眠だといいます。レム睡眠に入ると、目を閉じているけれど、瞼《まぶた》の下で眼球が左右に動きます。一般のサイエンスでは、もう一つ特徴があるといっています。勃起するのですね。

起きている人は、その両方を見ています。瞼が動くか、ジャージが動くか。いつ動き出すかわからないから、よそ見はできない。上を見たり下を見たり。深夜、下宿でこんなことやっているんですよ。もうこの段階でおかしい。

レム睡眠に入ってるなというサインが出たら、5分くらいしてガッと起こします。起こされる方はつらいでしょう。ガッと起こされて「今、何見てた？」。

そうすると、見ていた夢がいえるのです。ふつうの生活のペースで、朝起きると、もう夢は忘れてしまっていえません。「夢なんて見ないよ」といっている人は、ただ思い出せないだけです。

ここからが夢の誘導です。

耳は眠っているときも働いている。眠っている耳に音を入れると、その情報によって、ある特定の夢が誘起されるのではないか。こういう仮説を立てた。たとえばテレビをつけっぱなしにして眠ってしまい、深夜番組の音の刺激で、何かそれらしい夢を見たことないですか？　それがヒントになったのです。

これ15年くらい前です。眠り役の学生が松田聖子が好きだとします。眠ったな、いよいよ夢見てるな、というときに、松田聖子の曲を流す。そうすると、6割くらいの確率で夢に松田聖子がでて来るというのです。

今だったら、ＡＫＢとか乃木坂かもしれませんが、この実験を二人で交代に何回も、つまり幾晩もやったわけです。統計的に有意な差が出ると判断できるよう20から30回やった。

つまり1ヶ月も、一人はジャージを着て横になり、一人は目玉が動かないか、勃起しないか、見つめ続け、来たなと思ったら松田聖子が歌い出し、頃合いを見て、ガッと起こす。

「見たか？」

起こされた方は、そのたびにつらい。

男同士で、下宿でこんなことやってるのって、どうですか？ それをじょうずにプレゼンして笑わせました。サイエンスだし、おかしいし、根性あるでしょう。

高橋君は、修士のとき、マイクロマシンの厳しい国際会議で論文が通り、学会で賞を二つもらいました。

当時私の研究室では、化学反応の実験装置をマイクロマシンでつくることをやっていました。それを組み合わせて、試験管とかフラスコに相当するものをつくり、カチャカチャやって指先サイズの実験室をつくる。

「化学集積回路」ってやつですが、高橋君はそれを使って、もともとロシアがやっていたDNAから直接タンパクをつくる実験を、手の平の上のようなところで成功させた。

最先端のことで、できるかどうかわからない。でも、私は「できるよ」と励まし、彼はバカゼミの夢の実験のときのように最後までやり通した。それで、２００1年に難しい国際会議で論文が通ったのです。

◆人工真珠、人工マリモの作成方法

これは修士の伊藤君で、最初の年は人工真珠。テレビか何かで、怪しげな番組を見たそうです。プラスチックの白い丸い玉をマヨネーズに漬《つ》けておくと、表面に何かついて真珠になる。

「ほんとかよ?」

で、サイエンスの手法で、ちゃんと人工真珠をつくってみようと思い立ちます。真珠ができるのは、あこや貝です。あこや貝の中を再現すればいいはずだからと、ネットでいろいろ調べた。アルギン酸とか、いろいろな貝の肉を構成するに違いない成分のものをいっぱい入れて培養液をつくりました。

さて、実験です。実験室ではなく家で。フラスコとかの実験道具ではなく、ペットボトルで。そこに1週間入れてみる。「黒い膜までできました」とかいって、その実験経過を発表したのです。

バカゼミの当日は、ペットボトルをいっぱい持ってきていました。

「何なの、それ?」

「これが貴重な培養液。これが最初の培養液で、これが二つ目で、マヨネーズとその他いろいろ入っています」

それをみんなに配るわけです。匂いを嗅《か》いだらめっちゃ臭い。こうやって実証的に見せるのです。目指す真珠はというと、まあ、なんとか変化しています。プラスチックの白い玉が、黒くなっている。何かついているのは確かです。ただ、残念ながら真珠色にはなっていません。使っている材料の説明を聞くと、これもおかしい。マヨネーズの他にいろいろ入っています。たとえばアルギン酸。

大学の研究室だったら、代理店を通してデュポン社のなんとかというように純度の高い正式なものを手に入れますが、学生くんだから、家にある台所のものを探して入れています。アルギン酸か、アルギン酸といえばやっぱりリポビタンDかな？　テレビのコマーシャルで確かそういっていたし。で、わけのわかんないものがいろいろ入っている。

「もうちょっと時間があれば、僕は人工真珠をマヨネーズからつくるんだけど」

「失敗ってわけだね」

「でも、とりあえず再現性はありますよ、先生」

彼は面白い人で、次の年は「マリモをつくる」と言って、マリモっぽい寒天みたいなやつをつくって持ってきました。パッと見せられたら、なんとなくそれらしい。

「あ、マリモか。ちょっと色の薄いマリモやなあ」

「これ、生き物が表面についているんで。要するに、苔《こけ》がついている寒天と思ってください」

とかいって、そういうものをうまいことつくってきました。いちおう、これはオッケー。

この伊藤くんは、うちの研究室で光で動くロボットをやっていました。10ミクロンのナノロボットで、遠隔操作できるシステムにした学生です。彼は、飛び級で修士に入ってきたんです。名古屋大には飛び級の制度がありましたから。

◆乳房プリンの振動特性解析

男の子というものは、やっぱり女性の胸の振動に興味があるんですね。テーマはちょっとなんだけど、手法は極めて科学的、しかも、うちの研究室らしいものです。

胸のサイズにはAカップとかBカップとかありますが、あれを実験材料にしたい。かといって女の子を裸にしてできるわけがない。そこで生田研究室の開発したマイクロ光造形法を使います。

今でいうと、３Dプリンターというのがあるでしょう、あれみたいなものです。光造形法で女性の胸の形をつくれるのです。お椀《わん》みたいな形を、A、B、Cとだんだん大きくして、それにはちゃんと乳首もついています。まずは、その制作過程をじょうずにビデオで見せます。

プリンというものには、ふつう、上に茶色いカラメルシロップがついています。あれを一番下に入れて、その後プリンの液をドローっと流して固める。ひっくり返してポッと抜くと、カラメルの茶色い部分が乳首に見えるわけですね。

それをA、B、C、Dとつくっていくのを、またじょうずに見せます。

研究室には振動実験装置というものがあります。試験管を入れて、中の液体を振ったりするのを見たことがあるでしょう。あれは、振る速度が変えられるんですね。

実験対象を、その振動実験装置に入れます。そこに置いて振動させると、ちょうどいい周波数で共振する特性がわかります。共振周波数といいますが、機械屋はそんなことをみんなやります。

その実験をして、Aカップはこのくらいの共振周波数で、とグラフに描いて見せます。もうしっかりサイエンスでしょう。

ただ、大きすぎるやつは、振動させるとプリンがビャッと飛ぶんですね。それで結論はやっぱりブラジャーは大事だとか、訳のわかんないことといって笑わせるというものです。

この発表をした学生は、ジャニーズ系のイケメンで、ちょっと松潤に似ている。

まあそんなことはどうでもいいんだけれど、男が見ても、授業中一人だけ雰囲気が違うんですね。実際、ちょっと年上の知らない女の人が、研究室までついてきちゃって、「だれ、この人？」って出来事がありました。

この学生もグランプリを取りました。

◆バカゼミには八つの素晴らしい効用がある

①　イマジネーションを膨らます訓練になる

当たり前ですね。

②　プレゼンの訓練になる

プレゼンが下手くそだと、笑ってもらえません。100％相手に伝えなくてはいけない。いくらよいネタでも、口下手で伝わらなかったら、だれも笑わない。やっぱり漫才師ってすごいプレゼン能力がありますね。

③　エンターテイナーセンスを磨く

どうやって自分をバカに誘導するのか。自分をエラそうに見せたいと思っているうちはダメですね。

④　新しい研究ネタが見つかる

こういうことは滅多にありませんが。

２００５年にＮＨＫの教育番組でバカゼミでの取り組みが紹介されたとき、バカゼミで学生の一人が「肛門埋め込み型マイクロおならフィルター」というものをやったことがあります。肛門にはめ込む臭い消しですね。

すると翌日の午後、知らない女の人から電話があった。

「昨日のテレビみました。感動しました。私はベンチャーをやっているもので、怪しいものではありません。昨日のおならフィルターをベンチャー化したいんです」

秘書が出て「あれはネタですよ」といって笑って、私に電話を変わりました。

話してみると、歯科医の方でベンチャーをいろいろやっている。「ネイチャー」に共同論文が載るような人で、確かに怪しい人ではありません。

「あれ、つくってないんですよ」

「いや、生田研だったらつくれるはずです」

「まあ、それはつくれますけど、売れますか？」

それと、癌《がん》発見センサーができないかといっていました。癌の人は特有の匂いがあるとかで、癌を発見する犬がいます。生田研究室では、いろいろな匂いセンサーをやっていますが、その辺に置いておくだけで、癌が早期発見できるセンサーをつくれないかといっていました。

やっていませんが、「新しい研究ネタ」もゼロではない。

⑤　新たな個性が発見できる

これは親睦会の目標です。おとなしいように見えるけど、あの人は発想いいね、とか、個性が見えるのです。意外とアイデアマンだから、やってる研究テーマをもうちょっと難しくしておこうとか、能力の伸ばし方のヒントになるのです。

⑥　懇親会の話題のタネ

本来の狙《ねら》いはこれでした。

⑦　潜在的装置の稼働訓練

私の研究室には、いろいろな装置があります。「生田研にサーモグラフィーあったな」、とバカゼミのテーマで、自分の研究では使うことのなかった装置があったことを思い出す。出してきて、説明書を読んでみる。

こんなふうに、ふだん触らない装置に触ってもらえる。これがけっこう大事なんです。高い装置が、意外と無駄になっていることがありますから。

⑧　本番の研究の訓練になる

バカゼミの価値がここにあります。

「最先端の研究のテーマを自分で見つけろ」といわれても、難しい。研究の長い歴史を知っていないと、できないでしょう。先生にテーマをもらうんじゃなくて、自分で見つける。それを修士課程や博士課程の学生ができるのが、バカゼミのプレゼンなんです。

彼らがバカゼミのテーマを見つけるときやっていることは、私たちプロの研究者がやっていることと同じです。だれかの研究の改良ではなく、ネタそのものを自分でつくるのです。問題を自分で提起するのです。

私の場合は理工学で、人の命を助ける目的で、**コンセプトレベルから新しいものを、発想するわけです。**

バカゼミのネタづくりのときに使っている脳の部分は、それとまったく同じです。違うところは一つだけ。笑わせなきゃいけない。だから楽しくやれるわけです。こんないい訓練は他にないでしょう。

第3章

妄想を現実にする力

バカになれば仕事も面白くなる

◆研究室を破産させる気か？

私の修士時代のことをお話ししましょう。

修士に進めば、憧《あこが》れのロボット研究者の卵になったということ。この卵を2年間かけて孵《かえ》して、博士課程は森先生のいる東工大に行こう。やる気満々です。いざ、生物工学科の指導教授の鈴木良次先生のところへ。

「先生、研究、何やったらいいでしょう？」

「は？　修士課程に入ったら自分で考えるんだ」

「え？　自分で研究テーマを考えるんですか？」

「うん。もう修士からはセミプロだから」

「僕らは学会のことも知らないし、めっちゃ難しいですよ」

「うん、わかってるよ。それが勉強だから」

それで、英語の論文を読んで、「あ、これ面白そうかなあ。ここができてないから、この先をやろう」と決めますが、修士といってもしょせん4年生といっしょです。「うわぁ、これいいぞ」とやり始めると、先輩が来て「生田、おまえがやってるやつさ、もう10年前に終わってるわ」などといいます。

そんなことばっかりです。

当時は、インターネットもありませんから、図書館に行って多くの論文を読むのがスタートです。指導教授に、「こんな研究があって、こういうところがまだ残っています。これをやると、こうなります」と自分なりに、ハードウェアだったら、こんなのをつくろうとか、理論だったら、こう展開しようとか、ストーリーを考えて話すのです。

それで、先生が「うんうん、いいね」となれば進めるのですが、また先輩が来て「おまえ、お魚がなんとかっていってたよな。この間図書館行ってちらっと見たら、こんな論文があってさ」といって見せてくれる。見ると「あれ、終わってる」。

それの繰り返しです。同じ研究室でも、興味はバラバラです。私のようにメカに興味があるやつ、神経がどう発火するかというような生理学に興味があるやつ、みんないろいろで面白い。３ヶ月も経てば、だんだん決まっていきます。

「いいテーマ見つけた。これ先生にいったらだれもやっていないっていうし、俺、これで論文できそうだ」

「そんなのできるの？」

「いや、もうやるやん」

決まった人は気持ちが落ち着きます。あいつも決まって、こいつも決まってとなると、決まっていない者は焦ります。半年くらいたって、胃が痛くなってくる。でもやるしかないから、勉強をつづけて、最後にいいテーマを見つけます。


魚の尾びれにはいろいろな形があります。推進力と生態学とどう関係があるかという研究分野があるのを知っていました。当時私は生物の形に関心がありました。カジキはスパッとした形の硬い尾びれだし、金魚はこんなにでかくてふにゃふにゃ。これには生物進化上の理由があるはずだ。それを流体力学的に証明しよう。

「ほお。これは面白そうだ」と先生が認めれば、いよいよ研究開始です。胃もスッキリして腕がブンブンとうなっています。

最初はコンピュータシミュレーションからだ。最適計算をしようと思ったら、理論がめっちゃ難しい。三次元非定常翼理論というのがわからない。ニュートンの後任教授以来、歴代の教授が論文を書いているけれど、読んでも意味わかんない。

「うわ、訳わかんねえな。困ったな」と思いながらも、勉強するしかありません。

しかし理解できない。どうしようか。たまたま魚の推進の解説を書いている先生を発見したので、東大名誉教授で当時九大助教授の神戸勉先生に手紙を書こう、となります。

「神戸先生、私は魚の尾びれの形態の研究をやってるんですけど」と書いたら、「じゃあ、夏休みに遊びに来なさい」と返事が来た。自腹で九大まで行ったら、「そうか、そうか、そんなのやるか。僕もニュートンの研究所に1年行っていて、そのときこんなプログラムを書いたから、これ、あげるわ」と紙に書いたリストをどさっともらいました。

「とりあえずこれを使うと、君がやろうとしていることはできるはずだ。結果は出るはずだからやってごらん」

「ありがとうございます」

親切な先生いるわあ、と嬉しかった。生まれて初めての博多で、寿司屋に連れて行ってもらい「めっちゃうめえ」し、九大の寮みたいなところにタダで泊めてもらい、翌日は太宰府《だざいふ》に行って「修士論文がうまくいきますように」とお願いして、意気揚々《いきようよう》と帰ってきてプログラムを打ち込んでいたら、鈴木先生が来られました。

「何やってるんだ？」

「これこれこうで、このプログラムを使って収束計算をすれば、最終的に形が自動的に出るはずです」

「ん？　君ね、大型計算機センターってお金がかかるんだけど、これ1回計算するのにどのくらいかかるか見積もれ」

計算機センターに行って「このプログラムですけど、1回どのくらいかかりますか？」と尋ねると、「1回5万円くらいかな」といいます。

「先生、1回まわすのに5万円です」

「ちょっと待て。君ね、この収束計算で何回もまわすんだろう？　10回、20回じゃないだろ？」

「まあ、そうですね。やっぱり100回くらいまわすんちゃいます？」

「ちょっと待て。君、やめなさい。1回2回だったらいいけど、無理だから。お金ないから。研究室を破産させる気か」

「え？　じゃダメなんですか？」

「うん。無理だな」

◆秘密基地をつくったときの興奮と同じだ

しょうがない。今度は実験的にやろう。

どうしようかと考えます。考え出すと面白くなってくる。小学生のころ、毎日、熱中したのは雑木林の中に分け入って築いた秘密基地。研究は、この熱中と同じです。自分のイメージを育てて、自分の手で工夫しながら形にしていきます。

木の上の基地にしようか？　大きな穴を掘って、上をカモフラージュするか？　周りの雑木を利用するか？　入口は？　内部は？　武器をしまうところは？

授業中に頭の中をそのアイデアでいっぱいにして、学校が終わると、友だちと林に駆けて行ったものです。そこらにあるものを片っ端から利用、活用してものをつくる面白さ！

魚の尾びれのいろいろな形をつくって、流れる水槽の中で実験しようか。当時、阪大工学部が世界に誇る造船学科に行くと、海流水槽といって流れるプールのような水槽があります。そこに沈《しず》めて動かす機械をつくろう。

推進効率が直接測れるようないろいろなセンサーをつけよう。そういうのをつくれば、お金をかけず実験的にはできるな。その代わりめんどくさい。プラスチックの下敷きみたいなものから尾びれの形を切り取って、それを付け替えては実験するから。でも、まあええわ。

造船学科のだれに会えばいいか？　全然先生知らんし、魚の推進効率だから、スクリューの先生に会おう。絶対に近いやろ。そう考えて、当時、造船学科の教授だった鈴木敏夫先生のドアをノックしました。

「はあ、君はだれですか？」

「こうこうこうで、流れるプールみたいな水槽を使いたいんです」

「何の実験してるの？」

説明して論文も渡したら、スクリューの先生だからパッと見てわかります。

「え？　魚の推進効率って90％超えるのか？」

「そういう論文も出てます」

「ふつうのスクリューってな、80なんていかんよ。70、60％だよ。将来、君の研究がうまくいったら、世界中のタンカーはこうやって行くんだね」

そういって、尾びれの手つきをして見せたものです。

「君は、そういうのの専門家？」

「いいえ、生物工学科の大学院生で、これから始めるんです」

「わかった。面白いな。実験装置何がいる？」

体育館みたいな巨大な建物の中に、１００メートルの水槽やら、流れる水槽やらいっぱいあるのです。

「ぐるぐる回ってる水槽がいいですね」

「いいけど、これ落ちたら死ぬぞ。落ちたら、流れが異様に速いからスクリューに巻き込まれたら、もう人間ミンチみたいになるから」

「えーっ、なにそれ」

「命綱《いのちづな》つけろよ」

私と、ロボットの研究をやりたいという4年生の面白い後輩川村君と二人で頑張って頑張って尾びれの動きをするモーターが付いた装置をつくりました。我流ですね、だれも教えてくれないから。

　どのくらいの推進力が出ているかをリアルタイムで測り、入れたエネルギーとの比と推進効率がわかります。いろんな尾びれと振動数で効率のデータをとって、コンピュータに入れて解析するソフトも自分たちでつくりました。

　海流水槽の上にガチャンと装置をのっけて、命綱をつけて落ちないようにして、データを取ってはまた上げて、尾びれの形を変えたのをつけて、またデータを取る。メカはできるんだけど、ノイズがあったりして、データがうまく取れません。

　魚の尾びれが動くときに、尾びれにコンデンスミルクを塗《ぬ》っておきます。それを水中で動かすと、ミルクがふーっと剝《は》がれる。それが剝がれたときに渦《うず》になるんです。それをうまく写真に撮ると、流れがどうなっているかがくっきり見える。

　この可視化を、ビデオも撮ったりして一晩中やっていたら、なんか水がだんだん白くなっていくんです。

「あれっ？　水こんなに白かったっけ？」

「これやばいぜ。先生に怒られる前に抜こう」

　水を入れ替えようと、2時間くらいかかって全部抜いて、新しい水を入れたらなかなかたまらない。1日かかるのです。そこにスクリューの鈴木先生がやって来られて、

「あれ？　水抜いた？　これって1年に1回抜くか抜かないかなのに」

「いやあ、水が真っ白になっちゃったんですよ」

「君らそんなに実験やったんか」

大爆笑でした。

実験はいつも徹夜です。条件が変わるから、朝まで一気にダーっとつづけます。うまくいかないと、自分の研究室に戻って実験装置を新しく作り直して、ということを何回もやって頑張ったんです。

冬は寒いし、落ちたら死ぬし、ドライバーなんか落としたら上から磁石《じしゃく》で釣りあげるしかないし、「落ちるなよ」と声をかけあって、命綱して新しい装置をセットするのです。

大変でしたが、頑張って2年かけてやり遂げて、修士論文を書きました。4年生の川村君も論文ができた。私は東工大の博士課程の試験を受けるとき、それを発表しました。制御工学科の教授、助教授、それに森政弘《もりまさひろ》先生の前で30分のプレゼンです。その後、質疑応答。

森先生はこういわれました。

「鈴木良次先生は、脳や神経の研究で有名だけど、こういう研究してたかね?」

「いや、違います。テーマを自分で選べというので、僕は、造船学科に行ってやってました」

「えーっ、それようやったね。で、ここまで来たか?」

「そうです」

「装置はだれがつくった?」

急流に落ちたら死ぬ！　命がけの実験

「自分でつくりました」

森先生は、そこはとても褒《ほ》めてくれましたね。

「ようやったね。根性あるね。君、これを2年間でやったか」

多分、東工大に来てもこいつは大丈夫だと思ったのでしょう。憧れの森先生のいる制御工学科の博士課程に進むことになりました。いよいよロボットの研究です。

私もドクターに来る学生を面接するときは、メンタルを見ます。

ヘビ型医用ロボットはこうして生まれた

◆私ならつくれると手を挙げてすべてが始まった

　１９８０年代当時、ロボットを研究している大学は東工大と早稲田大学しかありません。早稲田には加藤一郎《かとういちろう》先生という有名な先生がおられ、東工大は森先生です。森先生の弟子が梅谷先生です。私の入った梅谷研究室は、梅谷陽二《うめたにようじ》先生が教授で、広瀬《ひろせ》茂男《しげお》先生が助教授でいました。私は広瀬先生につきます。

　広瀬先生は、メカの大家でアイデアマン。生体機械工学の新進気鋭の研究者でした。

　広瀬先生は象の鼻とか、蛇の動きの研究とか、アワビの動きとか軟体動物の動きとかを機械に置き直した新しいロボットをつくろうと研究していました。蛇の推進理論をつくったのは、広瀬先生です。現在「ソフトロボティクス」といわれ、世界で研究が活躍している最先端分野の草分けです。

しかし、当時はロボットは「ゲテモノの学問」なんてバカにされていました。そんなものを研究してどうするのか？　遊んでるのか？　ふざけてるのか？　というのが、外部からの目でしたが、一部の医者は注目していました。

大腸のS字結腸という急角度で曲がった箇所を、いかにして内視鏡をくぐらせるのか。大腸を傷つけず、患者を苦しませない方法はないか？　それにさんざん苦労していたからです。

梅谷先生や広瀬先生は、医者に言われていました。

「蛇のロボットやっているなら、お腹に入っていく蛇はつくれないのか？」

しかし、当時の技術ではつくれない。

私はロボットをつくりたい。そのために東工大に来たのです。さあ、何を研究するか？　梅谷先生も広瀬先生となんどもディスカッションをしました。折しも、形状記憶合金が開発されていて、これをモーター代わりに使った医療ロボットができそうだ。

「能動内視鏡を、形状記憶合金を使えばできるかもしれません」

「じゃあそれやろう、君は金属出身だしいいんじゃないの」

私は、阪大の入試で点数が足りなくて、第二志望として書いた金属材料工学科に入ったのです。卒業後、ロボット研究のできる生物工学科の3年に学士入学し、修士に進みました。

マイクロアクチュエータといいますが、**「ちっちゃいちっちゃいモーター代わりのものが、きっとつくれますよ」**というのが、私のアイデアです。**「それを内視鏡の中に入れれば、くね**

くねできますよ」というものです。

研究テーマが決まりました。博士課程の3年ではできなかった。5年かかりました。なにしろ材料の研究からはじめて、すべてを自力でつくるのですから、それは大変でした。夢中になってやりました。ロボットをつくって人助けをするという、小学生以来の夢が、ついにかなうのですからね。

◆形状記憶合金にはまだＪＩＳ規格もなかった

モーターを買えば、データシートというものが付いています。電流をどれだけ流したら、どの回転数になるか。それがわかっています。ところが、形状記憶合金には、まだＪＩＳ規格がありません。

形状記憶合金の組成は、チタンとニッケルの合金です。日本では古河電工しかつくっていません。それで古河電工から買います。すると昨日買ったものと今日買ったものでは微妙に性能が違うのです。

材料の勉強をしないで、モーターだと思って使うから、「あ、うまくいったわ。じゃあもう1個つくろう」とつくってみると、今度は動かない。

チタンとニッケルが1対1がちょうどいいのです。変態温度といいますが、ある温度になったときピュッと元の形に戻ります。それがチタンとニッケルの組成比が０・１％でもずれたらもうダメなんですね。

お湯でもいい。70度くらいまで上げていくとピュッと元の形に戻るのですが、その温度が、合金の組成比率がほんのわずか変わるだけで、大きく変わるのです。昨日の材料は50度でピュッと動いたのに、今日買った材料は60度だった。そんなに違うとうまく制御できないのです。後にブームで手を出した人は、みんな、それであきらめてしまいましたが、私は金属学科でちゃんと材料の勉強をしてきたので、そんなことでくじけません。

論文を集めてみると、授業で習った阪大の金属の先生達が、形状記憶合金の研究の世界のトップだったのです。電話して会いに行きます。

「おお、うちの学科でたんか。今は東工大に行ってロボットやってるんか。それならこの論文読めよ」

いろいろコピーをくれました。ありがたかった。私はちょっと変わり者とみられていて、一部の先生は覚えています。

「君は、いつも変わったことといってたよね。知能材料とか言ってた子じゃないの？」

「ええ、ええ」

「ロボットとかよくいってたよね」

卒業研究していますから、私のいた研究室の堀茂徳教授や田井先生らは当然御存知ですが、他の先生にも時々相談したりしていたので、知っている人が多いのです。

「そうか、東工大行ったんか」

「基礎工学部の生物工学行って、もっとロボットやりたくなったので」

「そうか、そうか」

「で、今度これを使ってやりたい」

「ああ、面白い研究だし、やれよ、やれよ。そうしたら材料研究も進むから」

そういって、資料をいっぱいくれるのでした。

機械系の学科に属していてもロボットの研究室には電気炉がありません。熱処理といって、形状記憶合金を５００度くらいの高温に置いて形状を記憶させる必要があるのですが、電気炉がないと実験ができません。金属の元恩師の堀茂徳先生は、東工大の金属学科の高橋先生にも電話してくれます。

「生田って面白いのが行ってるから、よろしく頼む」

それで、金属学科に行くと、「ああ、あんたか。聞いてるよ。この装置使っていいよ」って当時、助手だった里さんも気楽に話しかけてくれます。みんな優しいのです。ありがたい、ありがたいと思って勉強しましたね。

恩師は古河電工にも電話してくれました。そこでも、いい課長さんと出会いました。

「これを実用化する研究をしてくれるのか」

会社としては嬉しいのです。課長は東北大の金属出身です。

「君も金属でてるのか。金属出身でロボットか、ユニークだね」

この課長さんは鈴木雄一さんという方で、後に形状記憶合金の最初の教科書を出版されました。人間的にも立派な人で、形状記憶合金のチタンニッケル合金の実用化研究をされていました。それで、材料をタダでくれたばかりか、いろいろ教えてくれました。

「これはな、０・１％組成がずれるだけで変態温度が10度変わるから大変だよ。材料いっぱいあるから、変態温度の近いやつをあげよう」

実験装置も使わせてくれます。もう特別扱いです。当時はいろんな温度で実験できる引張試験機は、東工大にはありません。古河のこの装置もタダで使わせてくれました。そこに行って一生懸命実験しました。

一般に金属屋はサイエンスをやっていますが、応用の観点でデータを取っている人がいないのです。私がその装置でやったのはそのデータづくりです。何度で熱処理をしたら、アクチュエータというモーターとしての性能が上がるか。組成と熱処理の関係を調べたのです。このデータがまとめられたのは、世界でこれが初めてでしょう。

そのデータの一部を博士論文に使いましたが、全部のデータを古河にあげました。じつは、このデータを基にしてＪＩＳ規格ができたのです。

ふつう引張試験は温度を変えないで、一定温度でやります。ずーっと力を加えていくと、あるところで、プツンと切れます。形状記憶合金の場合は、温度によって特性が大きく変化するので、常温から徐々に上げて、それぞれの温度ごとに試験していきます。

そのとき同時に電気抵抗も取っています。相変態といって、金属の結晶が変わると電気抵抗も変わるのです。それを測定する装置がないので自作です。こうして取った世界で初めてのデータを一式全部、鈴木さんにあげたのです。

5年くらい経って会ったとき、鈴木さんからいわれました。

「どういうデータを取ればJIS規格のデータシートが一般化できるか、いろんな会社が集まって検討したとき、君からもらったデータが基礎になったんだよ」

当時、形状記憶組合というものがあって、有名な清水謙一阪大名誉教授がまとめ役をされていました。

「お前さんのデータ、すごく参考になったよ」

こうした金属の研究をいろいろした挙句に、**ヘビ型内視鏡ロボット**は完成しました。**世界初の「能動内視鏡」です**。関節が五つあって、全部の関節が自由にクネクネします。そとから操縦できるので、腸の中でもどこにでも入っていけるのです。

ロボットの内部には、小さな形状記憶合金のコイルバネが入っていて、そこに電流を流すと、温度が上がり、伸びたり戻ったりしてクネクネするのです。

電気抵抗をちゃんと見ていますから、何%変態しているか、角度がどれだけ曲がっているのか、わかるのです。電気抵抗がセンサーの代わりになるので、センサーなしで動かせるのです。**このロボットだと好きな形に曲がりますから、大腸の難関、S字結腸も腸壁に力を与えないで安全に入っていきます。痛くない。**これが私の博士論文です。

ついにやった！　あっという間の5年間！　最高の気分です。

◆日米の反応の違いは凄まじすぎる

ドクター論文は、日本では86年にロボットの学会で発表しました。

そのときの反応は、どうだったのか？

のちに早稲田の教授になった、当時は日立の研究者が寄ってきてこういいました。

「生田さんさ、広瀬先生のところはいつもヘビ出してくるけど、今回はとうとうこんな青虫みたいなものをつくったんだね」

「別に趣味でつくってるんじゃないですよ」

「まあ、面白いけどね」

笑われておしまいでした。

英文の論文は88年にアメリカで発表しました。アメリカ人はみんな驚いた。

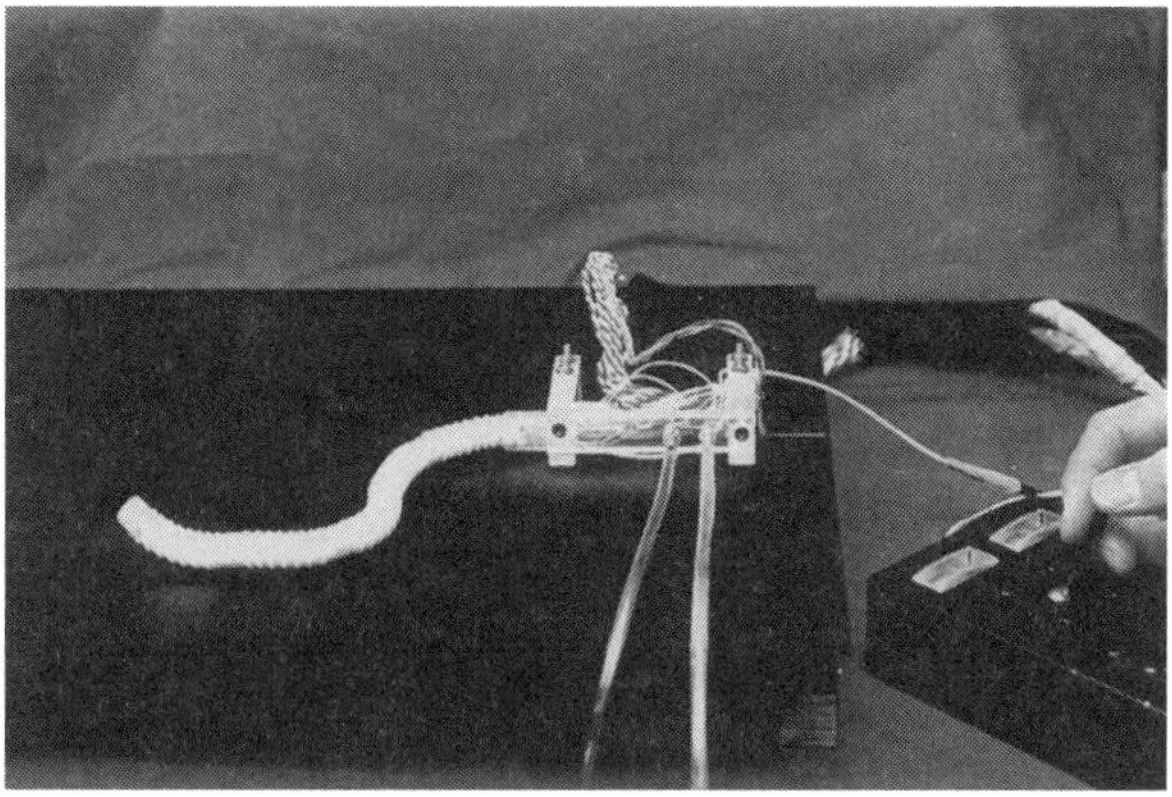

直径10ミリのヘビ型内視鏡ロボット

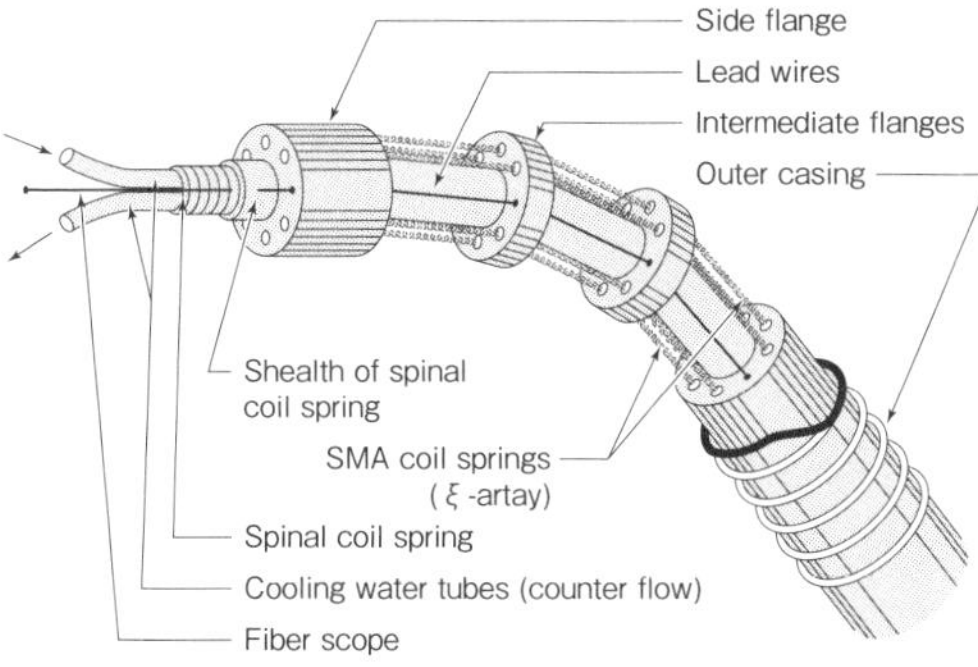

ヘビ型内視鏡ロボットの内部図

「へえ、こんな研究あるんだ」

「ユニークだ」

みんな褒めてくれました。アメリカ人は大体褒めるのにケチケチしませんが、それでもこの日米の違いはなんなのか？

手術支援ロボットのダヴィンチ（腹腔手術を支援する内視鏡下手術ロボット）をつくった人たちも、この論文を見ています。

「イクタのやつを昔見た。モチベーションはこれだった。あれで、ロボットって医療と結びつくんだなと思ったのが、発想の元だ」

そんなふうに、後から個人的にいってくれます。

ラッセル・テイラーは、今、ジョン・ホプキンズ大学の教授ですが、元ＩＢＭにいた人です。ロボットを動かすためのコンピューター言語を作ったことで有名な人でもあります。ＩＢＭはダヴィンチよりもっと前にロボドッグという整形外科で使う手術ロボットをつくっています。

ラッセル・テイラーは、ロボット学会のトップでしたが、当時私の発表を聞いて「うわ、こんなのがあるんだ」と思って、米国のロボドッグを開発したといっています。

人工関節を骨に入れ込むために骨に穴を開けたり、骨を精密に切ったりするシステムですが、あの論文を見て、ロボットって医療と関係があるなと悟り、発想したと言っています。

アメリカで論文を発表した後、一時期これがはやりました。カリフォルニア工科大学とか、ドイツのカールスルーエ工科大学とか、あっちこっちから、パパパッと、ヘビみたいなロボットの研究が出てきました。

こんなに影響を与えていたのに、なぜ日本では無反応だったのか？

アメリカ人は、「あ、これ、新しいジャンルをつくったな」という見方をするのですが、日本ではそれがわかってもらえない。ここに大きな違いがあると思います。

評価という以前に、日本ではわからない。ロボットのマニピュレータの設計とか制御をしている人から見たら、これが重要かどうかもわからない。「形状記憶材料？　知らん」「医用ロボット？　興味ない」という感じですから、いくら説明しても、「ああ、そうか、そんなのつくったわけね」で終わりなのです。

バカとは、「新しいジャンルをつくる人」のことなのです。

アメリカの研究者は、みんなここに高い価値を置いています。残念ながら、日本の学会にはこのセンスがありません。

◆日本で世界初をやると何が起こるか

この医療ロボットの技術移転はうまくいくでしょうか？

じつは、この技術は、国のＪＳＴ（科学技術振興機構）というところを通して、複数の内視鏡メーカーに技術移転しました。データやプログラムも全部あげました。

ところが当時のメーカーは能動内視鏡のコピーもできなかった。結局、内視鏡チームは職人さんの集団で、プログラムが読めない。30年前には、コンピュータを動かせる人がいなかったのです。

もう一つ問題なのは、医療メーカーの秘密主義です。当時、私はアメリカに行っていましたが、「時々帰ってきたとき指導しましょうか？」といっても、見せない。私はこの研究をつくった産みの親です。親に見せない。

何年か経って、できたのを見せてもらったら、ひどい。形はできていたけれど動かない。

「形状記憶合金は変態温度が近い素材を選びましたか？」

「いや、適当に」

「熱処理温度は？」

「適当に」

びっくりしました。それで詳しく教えてあげたけど、無断で多くの特許を出しただけで、やっぱりついてこられなかったですね。

後に私が直接指導した会社ではカテーテルのもっと細いやつを作りました。ちゃんと動きます。

◆アメリカでは中身で勝負できる

東工大のドクター時代に、アメリカのカリフォルニア大学のサンタバーバラのロボット研究所の所長にスカウトされ、渡米しました。２年経ったとき、阪大で授業を受けていた有本卓先生にばったり出会います。制御理論と情報理論の大家です。

私はＩＣＲＡというロボット分野最大の学会に毎年論文を発表していましたが、有本先生もここに論文を発表して、世界のトップクラスと戦っておられました。

有本先生は阪大から東大に招かれた直後でした。この再会が縁となり、私も東大に行くことになりました。

５年の予定でしたが、２年でアメリカの研究生活を切り上げることにしました。

そのアメリカ滞在の最後の年の２月に、マイクロマシンの一番大きい学会がユタのソルトレイクシティーで開かれるので、サンタバーバラから車で行きました。ＩＥＥＥ主催のＭＥＭＳ(Micro Electro Mechanical Systems)で、まだ2回目の国際会議でした。

その学会でどこかの、えらい外科医の教授が特別講演していました。

「マイクロマシンの研究者、頑張れよ。これがうまくいけば、将来、医療機関は全部変わる。

今の胃カメラは、将来、ヘビみたいになってお腹に入っていく時代がくる。すると、お尻からでも、口からでも、どこでもシュッと入って、そういうので手術ができる時代も来るだろう」そういって、イラストを見せて、じょうずに説明しているのです。

客席にいて、「へえ」と思いました。

「それもう僕、できているんだけど」

その当時の学会は、３００人くらいの参加者で全員ホテルに缶詰です。最終日に少し、時間が空いたらしい。

大会長が、「30分ほど時間がある。この中に何かしゃべりたい人はいないか?」といいました。のんびりした時代で、「手を挙げてくれたら内容を聞いて、よかったらしゃべらせる」というのです。

学会と同じ町にあるユタ大学にも訪問する予定にしていたので、ちょうどいいことに、自分の研究のビデオテープを持っていました。手を挙げて、前に行き大会長に話しました。

「名もない日本の研究者で、今、サンタバーバラにいる。さっきの特別講演の外科医が話されたヘビ型医用ロボットの話だけど、2年前にできている。ここにそのビデオがある」というと、

「それ、いいね」といって15分くれました。

特別講演では「将来のビジョン」だったのが、もう目の前で動いているんですから、すごいウケ方でした。客席の研究者連中は大変驚いて、大拍手でした。

無名の若造だからダメとか、ＭＩＴだからいいとかではなくて、中身で勝負できるのがアメリカなのです。飛び入りできるのもいいところですし、一発で学会の仲間になってしまいました。バークレーやＭＩＴの連中が来て、「お前、この学会の委員になれ」といいます。

「僕、それほど有名ではないし、来月、日本に帰るんだけど」

「いいから、いいから」

で、いきなり委員会に入れられてしまいました。アメリカ人には、こういう反応のよさ、速さがあります。今でも私はこのＭＥＭＳという学会の幹部なんです。これがきっかけで、この学会に論文を出すようになり、94年には日本開催時に、大会長を引き受けることになりました。

当時、ユタ大学には、人工心臓のコルフ先生がおられ、人工心臓や電動肢手でもトップ、人型ロボットでも、Utah MIT ハンドが有名でした。

その見学に行く途中だったのですが、せっかくだからディスカッションしてこようと、ビデオを持って行ったのです。一方的な見学では相手も歓迎してくれませんから。

そのコンセプトは新しいか？

◆クリーンルームの中の形状記憶合金

私が、２年間のアメリカ研究生活で何をしていたか。

アメリカでは、もう能動内視鏡の研究はやりませんでした。その研究所はロボットの研究所なのですが、最初の私のテーマは、半導体プロセスで動くロボットの開発です。

薄い円盤状のシリコンウエハーの上に、縮小した電子回路を焼きつけたりするのをご存知でしょう。とにかくゴミが敵です。クリーンルームの中で人が動けば、見えないけれどゴミがでます。そこでロボットに作業させますが、モーターと歯車を使ったロボットでは、やはりゴミが問題になる。そこをどうするかが、課題です。

私は、切手サイズの小さい指をつくりました。

形状記憶合金で動くバネがついているものです。ハイブリッドＩＣといって、米粒みたいな半導体のチップをクリーンルームの中で組み立てます。そこで活躍するロボットですね。歯車もモーターも使いませんから、クリーンルームの中で問題になるゴミが出ない。

指の中はこうなっています。バネがあります。上と下で３本ずつ。例えば下の部分に電流を流すと、縮《ちぢ》もうとします。そうすると下に曲がる。今度は上に電流を流すと、上が伸びます。

専門的にいうとダイレクトドライブ、歯車などの伝達機構なしで直接力を伝えるものです。この原理で、指が弾性変形するものをつくりました。これは半導体をハンドリングするもので医療用ではありません。

クリーンルームの中で動かしますが、じつは真空中でもつかめるのです。当時、真空中で動くモーターなんてありません。焼き付いたりしますから。ところがこれはできる。真空炉でその実証実験もしました。

本来は半導体製造用のこのロボット研究所では、自由にテーマを決めてよかったのですが、私としては、こういうのなら、この研究所に貢献できるなと思い、所長に話したのです。「ああ、それすごく良いからつくって」という感じで、学生と一緒に研究を始めました。

◆こんなんただの漫画ですよ

2年目になったときでした。こんなことをいわれたのです。

「もう一人前の研究者だから、自分のアイデアで予算申請書を出せ」

それを出す先は、日本でいえば文部科学省に当たるNSF（国立科学財団）です。申請書を書いて研究費を取らなくても、十分な研究費はありました。しかし、プロになる訓練だから、自分の申請書を出すようにということです。


私は、二つのアイデアをもっていきました。

一つはこういうものです。

カプセル状のロボットの先に手がついている。リード線なしのカプセルで、操作は無線で行います。これを飲み込んだら、体の中をずーっと落ちていって、その間、カメラで内部をずーっと写しているんです。粘膜の下に腫瘍があったら、医者が無線で操作して、カプセルについている手でキュッと粘膜を持ち上げて、腫瘍《しゅよう》を切ったりする。

昔、「サンダーバード」という人形劇をテレビでやっていましたが、サンダーバード2号（輸送機）というのがあって、輸送している倉庫の部分が入れ替わるんです。そうするとサンダーバードの機能が変わる。カプセルロボットにもそういうものが組み込まれていて、注射器とかいろいろ入っている。

こういうものを漫画に描いて、見せました。

このときはただの漫画に過ぎなかったものが、10年ほど前にイスラエルのGiven Imaging社が、手のついていないカプセル内視鏡を実用化しています。

3万円払えば、虎の門病院のような大きい病院で飲むことができます。そうすると、8時間の間、胃から腸へ落ちていって、写真を撮りまくる。それを医師が見るのです。飲み込む時の違和感とか痛みはまったくないのですが、何百人に一人くらいは、腸の中に病気があるとそこで詰まってしまう。そうなったら切らなければなりません。

現在のものにはまだ手はついていませんが、私が考えてプレゼンして見せたものは、**究極のカプセル内視鏡**です。これが、アイデアの第一。

第二のアイデアは、**能動カテーテル**で、要するに**能動内視鏡の直径が細いもの**です。10ミリ径のものはすでに博士課程でつくっていたので、今度は2〜3ミリの細さのものをつくります、といえば信憑性《しんぴょうせい》があるでしょう。

目的は、はっきりしていて、脳とか心臓の血管の中に入れる。これなら2〜3年あればできます。第一のアイデアは無線通信を含めて、何もかもが大変です。10年かかってできるかどうか。

この二つを提示されたら、あなたならどちらを採用しますか？　どちらのアイデアに、研究費を出しますか？

私の前には、研究所長と学部長がいます。

「どっちがいいですか？」

私は、2番目のアイデアに決まってると思っていました。

二人はいいました。

「こっちに決まってるよ」

第一のアイデアを採用したのです。

「え？　なんで？　これ、まだできませんよ。まだ実現に必要な技術のアイデアが十分にないですよ」

「だからやるんだろ」

二人とも、「こっちの方が面白い」といいます。第二のアイデアの能動内視鏡は、なぜダメなのか？　こっちなら確実にできるだろうに。

「それはね、お前さんが広瀬先生とアイデアを出して能動内視鏡をつくったときには、新しいコンセプトだった。その改良だろ。もう片っぽは、コンセプトが新しいし、チャレンジするものがいっぱいあるじゃないか」

「そんなんでいいんですか？　これ漫画ですよ」

アメリカでは、コンセプトが新しいことが大事で、大きな予算を取るのはコンセプトなんだと教えられました。そう思って人の研究をもう一回見直したら、ロボットの偉い先生のものは、みんなコンセプトが新しい。

アメリカで学んだことはシンプルです。

「コンセプト」のレベルで戦わなくてはいけない。

◆絵だけでまだできていなくても論文は通り影響力をもつ

さて、そのアイデアを申請して第二段階まで行ったときに日本に戻ってきましたから、途中で終わりました。向こうにそのままいたら、だんだん絞《しぼ》られてきて第三段階の面談に行っていただろうと思います。

このアイデアは、まだコンセプトだけなので、日本だったら絶対に論文が通りません。しかし、アメリカの学会では通るのです。88年に論文になって、その後すごく引用されています。イスラエルのベンチャー、Given Imagingという会社が、手のないものをつくった話は先に述べました。その開発者と会えていないので、彼らが論文を見たかどうかは、残念ながらわかりません。

当時としては、イギリスやイタリア、フランスなど、いろいろなところがこれをつくろうとしました。ＥＵの予算をもらって、３ヶ国くらいで取り組むＥＳＰＲＩＴプロジェクトというものがありましたが、そのなかの一つはこれでした。

日本人と違って、イタリア人はちゃんと引用します。

「日本人のイクタというやつが、こういうことをいっている。それはまだできていない。だから、われわれは３ヶ国集まって、これをつくる」

イタリア人の研究者が彼のプレゼンで引用している姿を見て、親しい研究者が私に教えてくれましたが、嬉しかったですね。日本人だったら、まずできていないものは引用しません。

「ちっちゃい手術ロボットの世界で頑張っている、日本人のイクタって男がいるんだ」という感じで、マイクロ手術ロボットのジャンルが、世界で認められていったのです。

名古屋大に移ってから、目が二ついていて、立体画像が見られるものをつくりました。これは電池ではなく、細い線をつけて飲み込む形のものです。飲み込んで手術したら、回収したいわけで、巻き上げる線があると都合がいい。その線の中にリード線を入れ、通電して動力とするものです。

小さな手をつけるのはとても難しくて、まだ成功していません。手をつけるとまたモーター代わりにちっちゃいアクチュエータがいります。それをこの中に入れなくてはならない。結構これが大変で、世界中まだどこでもできていません。

◆知的財産権をどう考えるべきか？

スタートは漫画だったこのアイデアを、名古屋大のとき、模型にしました。当時のスタッフに、レーザーを使った光造形法でちっちゃいものをつくってもらい、自分で色をつけたものです。10年ちょっと前のことです。

動かないけれど、とてもきれいです。これをいっぱいつくって外科の先生たちにあげました。ある九大の医学部の先生が、これを三つ並べて、パネルに「名古屋大の生田先生とやってます」みたいなことを書いたものだから、皇太子殿下がそれを触っている写真とともに、「九大と名古屋大の共同研究」と新聞に出てしまいました。

実際は、模型をあげただけなのに、そんなふうに話が進んでしまいます。親しくしている友人だし、どうということもないけれど、どうも日本の医学の先生は知的財産権に弱い感じがします。

最近まで医学部、臨床の先生は、知財とか特許のことについてまったく知りませんでした。これは教育が悪いのだと思って、医学部での授業のときには、特許ってこういうものですよ、とちゃんと教えるようにしていました。

医学部の立派な先生ほど、「生田さん、早く完成させてよ。そのときは特許なんかで押さえないでさ、オープンな形で、世界中がつくれるようにしてよ」といいます。医者の立場ではそうですね。

でもわれわれがそうしたら、エンジニアは立つ瀬がないし、苦労して実用化した企業も食えないでしょう。だから知財の教育をしなくてはと思っています。

恩師の森先生はこういわれます。

「コンセプトや技術は広がるのが大事なんだよ。それを最初にだれがいい出したかも忘れられるくらいに広がったら、それが君の成果なんだよ」

「メカトロニクス」という言葉があります。コンピュータが入ったメカを「メカトロ」といったりしますが、メカとエレクトロニクスを合体させたこの言葉をつくったのは、森先生です。和製英語で、アメリカでは通用しませんが、ヨーロッパには移植されたので、彼らは使っています。

これは昔、森先生が主宰する「自在研」という学外のシンクタンクで、安川電機を指導したときに、「メカとエレクトロニクスでメカトロニクスといえばいいよ」と教えたものです。安川電機がその言葉を使い出して普及したその当時、安川電機がつくったようにいう人がいました。

「怒らないんですか？」

そう森先生に聞いたら、こうです。

「生田君、そんなところでガチャガチャいうのは小物です。みんなが使って、だれがいい出したかわからなくなって初めて、その言葉は普及したことになるんだ」

森先生は、ロボット学者であると同時に、仏教哲学を極めた人で、私とは違う次元の人ですから、そんなことをいいます。

実業家にも同じような人がいます。メガネのパリミキの三城ホールディングスの元社長で多根裕詞さんという方がいました。3年ほど前から親しくしているのですが、その人は変わったメガネをつくるのです。

音に反応してフレーム内のLEDがピカピカ光るメガネとか、どう使うかわからない「雰囲気メガネ」というものの開発に会社の金を投入しています。

「特許とってるんですか？」ときくと、「とらないよ」と答えます。

「特許をとって独占するというのは、考えが狭いんだよ。みんなに面白いねって真似してもらいたいんだよ。音に反応してピカピカ光るメガネがいっぱい出てきたら、メガネ業界全体がうわっと盛り上がるでしょう。それがいいんだよ」

◆先駆者をリスペクトする価値観があるか？

研究者のレベルでは、欧米では、例えばイタリア人が研究を始める前に、私の論文を引用してプレゼンしたように、明確にするのが当たり前になっています。しかし、日本ではそうはならない。これはどうしてなのか？

これも教育の問題なのでしょうが、**先駆者をリスペクトするような価値観が、その国に根ざしているかどうか、**というあたりが、その根本にあるようにも思えます。

私がアメリカで学んだ「コンセプトが新しいかどうか、それが、決定的に重要だ」という態度も、その価値観に通じているように思います。

バカは先駆者をリスペクトし、自らの成果でまた周りからリスペクトされる。なんて気分のいい世界なのか。そう思いませんか？

第4章

バカをやる勇気が未来をつくる

オールジャパンの迫力はバカになり切ってこそだ

◆戦艦大和の技術の粋が戦後に生きた

20年ちょっと前になりますが、日本が世界一になったと錯覚して浮かれた時代がありました。『ジャパン・アズ・ナンバーワン』という本をアメリカの社会学者エズラ・F・ヴォーグルが書いて、日本でもベストセラーになりました。

確かに経済が好調で、大金を持ってアメリカに進出して不動産を買いあさったりし、アメリカ人に危機感を与えたほんのひとときの時代です。しかし、この時代の基礎を築いたのは、私の親父のジェネレーションです。

彼らは、戦争で生き残った段階でまず選ばれた人たちです。**戦後のドサクサのとき、苦労をして生き残り、体力、知力、いろんな意味でその人たちが頑張って、成し遂げた成果が日本の復興、それに続く繁栄でした。**政治家も、せこい人もいただろうけれど、損得抜きで国のためと頑張ってきたはずです。

最近、テレビで、万博とか新幹線をつくった話題、エピソードが紹介されています。あるいは東京オリンピックのエピソードとか。私は、気がつきました。これらの創造、建設、開発に関わった人たちは、みんな早くに死んでいるのです。

今でいえば過労死です。それほどみんなが頑張った。

やっていたことは、当時の最先端です。だから、日本は世界のナンバーワンだといわれた。ところが、東京オリンピックのスタジアムの土を開発した何々さんは、その上を世界の選手が走るのを見ずに死んだとか、新幹線の開業のときを、開発に携《たずさ》わったあの人は見ていないとか、そんな話ばっかりです。

結局見られなかった、最後になんとか見て死んだ、病床で見た、これは、過労死以外の何物でもない。会社も同じで、特別に国のためと思って損得抜きにやらせてくれたとか、そんな美談がいっぱいあります。会社も社長さんもそういう意識だし、様々なプロジェクトのリーダーもそうでした。

戦争がいいとは思いませんが、先の大戦のときのオールジャパンの遺産がありました。戦艦大和の技術はいろいろなところに使われています。新幹線の車輪は大和の車軸から学んでいますし、トヨタが戦後呉《くれ》まで行って教えてもらったものが、有名なトヨタのカンバン方式となりました。これは戦艦大和をつくるときに編み出された組立部品の流れのノウハウでした。**自分の生きてきた時代の知識を総動員して、戦後の荒廃のなかで頑張ったのが、この世代で、今、これと同じものを求めることはできません。**若い人には無理ですし、私も戦後の人間です。敗戦によって、日本はアメリカに抑えつけられ、旅客機も戦闘機もつくることができませんでした。三菱の中規模の飛行機ＭＲＪもなかなかつくれません。結局、商機がその辺にあると気づいたブラジルの航空機会社に、追い抜かれました。彼らは、ボーイングを辞めた人などをいっぱいブラジルにかき集めて、一気に１００人規模の飛行機を完成させてしまいました。

日本の飛行機をつくろうとするなら、アメリカでつくるしかありません。そうすると、結局エンジンのような重要なところはみんなメイド・イン・ＵＳＡです。コントローラもコンピュータもみんなアメリカに押さえられてしまいます。

「でも、ホンダジェットはホンダがつくったんだろう？」

日本人はみなそう思っています。ホンダジェットは、10年くらい前にグッドデザイン賞の金賞を取っています。私もそのとき別の部門の審査員をしていて、**「さすがホンダ。すごいな」と思っていましたが、アメリカのなかでやったからつくれたというところに隠れた真相があるようです。**

現代の日本は、外からの障害、内部にある障害から、オールジャパンの体制をつくることができずに苦しんでいるのです。

◆日本のロボットはいざというときにどう生かされているか

米国のロボットは、今、半分は軍事産業です。アメリカのベンチャーとか、みんな軍事産業で、国際会議に行くと、企業展示ブースには軍事ベンチャーがダーっと並んでいます。ドローンもありますが、よく見ると爆弾で人を殺すとか、そういう兵器がいっぱいです。

有名大学の先生が、国からお金がいっぱい出るから、当然のようにそういう兵器ロボットをベンチャー企業がつくって開発しています。ロボットの相手は人間です。**人間を殺すロボットの開発は進められています。自国民を守るための必要技術と考えています。**

ロボット兵士同士が戦うというのが、子どものころのアトムの世界で、「いいなあ、人は死なないで」と思ったけれど、ロボット社会が実現してみたら、ロボットが人を殺しに行くわけです。

アイザック・アシモフの「ロボット工学三原則」はもうありません。第一条「ロボットは人間に危害を加えてはならない。またその危険を看過することによって、人間に危害を及ぼしてはならない」。第二条「ロボットは人間に与えられた命令に従わなくてはならない。第一法則に反する以外は」。第三条「ロボットは第一条、第二条に反するおそれのない限り自己を守らなければならない」。アシモフは、人の形をしているのがロボットだと勘違いしていたのです。

飛行機の形をしているけれど、基本的に外から操縦するタイプのロボットなのです。すでにロボットは人を殺しているし、爆撃しています。

掃除機のルンバもロボットです。このルンバをつくっている会社は、偵察用軽量小型車両とか、可動式戦術ロボットとか、軍事に参入しています。

その一部が、たまたま福島の原発事故のときに役に立ったのです。ご存知のように、キャタピラが付いているので、階段を上って行って、放射能をチェックしたりするのに使うことができました。日本製のロボットはありませんでしたから、ロボット研究者は方々から怒られました。

「何やってるんだ、日本のロボット屋は！」と。

ＡＳＩＭＯも階段を上がれません。「ハイテク入れろ」などといわれましたが、あれはそういう目的のロボットではないから、入っていけません。熱がこもっているところには入れないとか、階段の高さが決まっていないと上がれないとか、日常の中で動くように設計されているので、制約がありました。

私も、中高の同窓会で女性陣に「あんなのくらいつくれないの？」と怒られました。

危機のとき、どうすれば臨機応変にオールジャパンがつくれるのか。どういうバカが、そこで求められるのか。私たちが考えなければならないテーマがここにあります。

ロボットの軍事応用の可否も含め、読者のみなさんも友人と議論してみてください。ふだんからしっかり考えておくことが大切なんです。

ロボットに限らず、高度な技術は必ず二面性をもちます。これを「デュアルユース」といいます。簡単にいえば、鋭い刃物は人命を救うメスにも、人を傷つけるドスにもなる「ドスメス論議」です。

どんなタイプのバカでもいい、バカでさえあれば

◆「そんな人、いた?」という地味な努力家だってノーベル賞を取る

私は関西人で、ウケればいい、みんなを楽しく幸せにすれば嬉しいというタイプのバカです。そのためには、なんでもする。前人未到の研究ネタを、24時間考えています。寝ているときも考えています。

研究者にはいろいろなタイプがあって、それぞれ好き嫌いもあります。例えばＬＥＤの青色の開発競争がありました。

これは、１００メートル測って、線を2本引いて、ヨーイドンで頑張って頑張って頑張って、1本の線からもう1本の線まで、速さを競い合うレースのように感じます。

世界中が、ダーっと走りました。青色が出れば赤、緑と3色揃《そろ》うので白ができるなとわかっています。企業を含めて、世界中の研究者が競いました。そのなかでトップを切った赤崎勇《あかざきいさむ》先

生と中村修二《なかむらしゅうじ》さんがノーベル賞を受賞しました。

バカなんていったら怒られちゃうかもしれませんが、**とっても個性の強いバカです。**私はそれがいいのだと思います。**もって生まれたものをそのまま肯定して、どんどん強化して、ものすごい個性の人になりおおせたのです。**その個性あってこその、ノーベル賞なんだろうと思います。

赤﨑先生は学問に厳しく鬼みたいに恐い。学生は廊下ですれ違うときにも、みんな遠巻きにしている。

その鬼のような教授の下に優しい助教授がいて、それで研究室が保たれていたそうです。その助教授は、のちに学部長になる温厚な先生で、私は親しくしていました。赤﨑先生が受賞されてテレビに写っているとき、「よく顔を見ろ」とその先生がいいました。確かに目が恐いんです。ニコッとしているのだけれど、目は笑っていない。

みんなが逃亡するくらいに鬼みたいな先生なのに、それについて行ったのが、一緒にノーベル賞を取った弟子の天野浩《あまのひろし》先生です。天野先生は、何をいわれようとついて行ったのです。

天野先生は学生時代から赤﨑先生を尊敬して、研究を完成させました。実験室で、これでもかこれでもかと辛抱強《しんぼうづよ》く実験をやりつづけてきたのです。

私の分野と違って、この分野は実験条件の最適化が重要となります。ロボットはつくってうまくいかなかったら、違う発想で違うメカをつくります。問題は発想にあります。

鬼のように怖い赤崎勇先生と中村修二さん

青色ダイオードの世界の問題は、発想も大切ですが、それよりもある材料の比率はどうすればいいかとか、温度は何度にすればいいかとか、その条件を振って、ダーっと軍隊のようにどこまでも追い詰めていくのです。

それはほんとうに大変です。忍耐心がなければできない。それでみんな嫌になっちゃったりする。受賞した後、先生本人がいっていたように、ひらめきの人ではなく、辛抱の人です。

これも素晴らしいじゃないですか。こういうタイプの人もノーベル賞が取れたのです。ノーベル賞は枠が３人です。論文は、実験を受け持った天野先生がファーストオーサーで論文の著者のトップに来ます。ファーストオーサーを抜きにして二人がというのもおかしいし、３人枠に入って一緒に受賞しました。

ノーベル賞をもらうまでは、この方の名前は異なる学問の分野では知られていませんでした。こういう努力家がもらったというのは、ラッキーという言い方もありますが、私は本当によかったと思います。従来は、ノーベル賞はひらめきの人ばかりがもらっていましたから。

もともとある半導体の材料で、「光るのはこっちの系だろう」とひらめいたのが赤﨑先生の方です。半導体というのは、ガリウム砒素などのように、元素がペアになっています。赤﨑先生は世界中の研究者がベストだと思っていた元素のペアと異なるペアに着目したのです。世界の研究者がやってうまくいっていないときに、「こっちの方が絶対光る」と確信のある直感で思ったのでしょう。

◆アクが強いのは優れた研究をする条件なのか？

それを一人で、企業の中で独自の手法でやったのが、中村さんでしょう。ノーベル賞を取られたあと日本のいろんな学会が呼んだのです。**人の悪口は言うわ、率直すぎる話ばっかりです。**いいですねえ。バカはこれでなくてはいけません。

テレビに出ているのを見ても、**すごくアクが強い感じです。**この強い個性ならアメリカでは成功すると思います。ちょっとお友達にはなりにくいです。しかし、そこがなかなかいい。

中村さんはメンタルが強い頑張り屋だから、これからも人と違うことをやって成功すると思います。自分で実験してみて、失敗して、またやって、終《しま》いにちゃんとできてしまう。

今はUCサンタバーバラの材料研究者のトップになっていますが、「日本の大学は、東大どころか一つも教授に来いといわなかった」って自慢しています。そりゃいわないでしょう、日本流の教育者になれる感じじゃありませんから。**中村さんは鋭い職人さんなんだと思います。**

昔の大科学者の話を読んでも、みんなすごいクセを持っています。**サイエンスの神様は、一般社会では相手にされない、そういう人を、笑いながら「よしよし、未来を切り開けよ」と偏愛しているのかもしれません。**

ハムリンセンターはお婆ちゃんのクリスマスプレゼントだった

◆あなたのやっていることは素敵だから「はい、うん十億円」

ロンドンのインペリアルカレッジには、「ハムリンセンター」という手術ロボットの研究センターがあります。これは10年ほど前にできたものですが、あるおばあちゃんのクリスマスプレゼントだったのです。驚きですね。

私の友人のヤン教授は、中国からの留学生でイギリスで勉強していました。インペリアルカレッジを覚えていますよね。「ロンドンの博物館の裏にあるちっちゃな優秀な大学」として前に触れました。

ハムリンさんは、オイルマネーで大儲けしたイギリスの貴族で、奥さんより先に亡くなりました。奥さんは莫大な遺産を相続して、「さて、これをどうすればみんなのために生かせるでしょうね？」と考えていたのでしょう。

あるクリスマスのこと、パーティの席で招待客にプレゼントをしました。素敵な本をあげたり、まあいろいろな趣向でみんなを喜ばせたのです。

「あなたには、これね」

ヤン先生は、小さなカードが入った封筒をもらいました。

開けてみると、**「あなたの手術ロボットの仕事は素晴らしいと思っているので、その仕事が早く実現するように研究費をプレゼントします」**と何十億円もの提供を約束していたのでした。

ハムリンセンターは、手術ロボットの研究センターとしてこうしてできたのです。その何十億円を基金として、全部で三つの医学関係の組織が運営されています。

ああ、イギリスってすごいなと思いました。

日本でこんなこと考えられますか？　お金持ちのおばあちゃんは、日本にもいるでしょう。でも、こんな話聞いたことありません。しかもあげた相手は、元留学生です。

いくらその人がよくできるといっても、日本人には、こういう発想はないでしょう。

でも、これからはあってもいい。そう思いませんか？　そういうおばあちゃんを社会が評価するような、そういう日本はどうですか？　悪くないでしょう。

◆ヨーロッパの研究者は10年後に成功する仕事をしている

欧米と一口にいいますが、ヨーロッパとアメリカでは、研究スタイルは異なります。アメリカは合理的に競争するプロジェクト研究を推進しました。３年、５年の予算をもらって、終わるときにものすごく厳しく評価されます。「いやあ、半分もできなかった。その代わり、いろいろやったよ」ではダメなんです。これはこれで成果をあげるのですが、マイナスもある。

一方ヨーロッパは、相変わらず、じっくり研究するロングレンジ方式です。サイエンスは当然ですが、工学関係でも、すぐに芽が出なくてもやらせています。

今回も、ハムリンセンターが主催するハムリンシンポジウムに行って、いろいろヨーロッパの研究者の話を聞き、「うらやましいな」と思いました。言い換えると、「日本の問題はここにある、変えなくてはいかんな」ということです。

東大の電気電子工学科で博士をとった外国人の研究者がいます。私は彼をよく知っています。博士をとったあと、ポスドクでアメリカに渡りました。ロボット研究で一番有名なカーネギーメロン大学に行って、数年前、教授になりました。

今回会ってみてわかったのは、その彼が最近、ドイツの研究所に移っていたことです。ドイツにはあちこちにマックス・ブランク研究所がありますが、ヘッドハンティングされてある研究所の所長になっていたのでした。

彼はマイクロロボットの研究を頑張っている人で、ちょっと変わった研究をしています。細胞より小さな部品にバクテリアをつけて、ピューッと泳がせる。この研究を10年やってきています。すぐに役に立つ研究ではありません。しかし、そういう研究だからこそ、『Nature』に載るのです。

「その所長、いつまでできるの？」と、私は尋ねました。

「67歳の定年までだよ。その間、年間予算が何億も自動的にくるんだよ」

日本ではこうはいきません。東大教授だろうと、研究所所長だろうと、毎年、「また取ってこい」でしょ。違うのです。ヨーロッパは。

どうしてこういう違いが生まれるのか？　日本はドイツよりお金がないのか？　そんなことないでしょう。

お金じゃなくて、何か別のものがないのです。ここにも日本の現在の課題があります。

興味深い経歴の日本人の研究者とも会い、いろいろ話しました。彼は東京理科大の出身で、東大に行くか海外に出るか考えたところ、結局、海外を選択しました。ＥＴＨ（スイス連邦工科大学チューリッヒ校）です。そこの大学院枠に通って、ドクターを取り、日本でいえば助手にあたる助教に採用されました。そうしたら、日本円にして２０００万円くらいの研究費をずっとくれたそうです。

日本だと、大変ですよ。何十という申請書を一所懸命せっせせっせと出さなくてはなりません。若手にとっては、２０００万円あれば十分です。それでいろいろ研究して、論文をどんどん出して、それが認められていきます。

ケンブリッジの准教授の公募に応募して、合格。彼は今、ソフトロボティクスという柔らかいロボットの研究のまとめ役をしています。柔らかいロボットは、今注目されている分野です。

「僕みたいなものでも、ドクターとったら年間２０００万円が自動的にくるんですよ」

これがヨーロッパなのです。東大でも、年間２０００万円の研究費なんかガバッときませんよ。苦労して取ってくるんです。

ドイツの研究所長になった彼はどうでしょう。毎年何億という研究費が自動的に入ってくるのですから、これ、天国です。そんな環境を与えられたら、ロングレンジの10年後に成功する仕事しますよ。

近年、サイエンスでノーベル賞をとった学者は、みんな、国に、あるいは文部科学省に注文をつけてきました。

「ロングレンジで、できるようにしてあげなくては日本の未来はない」

「すぐに役に立つとか、すぐに結果を出すとかいってはダメ」

それだけいってもダメなのですね。何も変わっていないように見えます。あるノーベル賞受賞学者に、「ノーベル賞は権威があるんだから、国にいってくださいよ」というと、「いっとるよ」と怒られてしまいました。

「今の官僚は、目の前の宿題しか見ておらん」とさじを投げています。しかし、このままでいいわけはない。どこをどうすればいいのでしょう?

◆官僚を博士をもつスペシャリストにする

考えてみれば、今の官僚には無理なのです。大半は東大などトップ大学の法学部を出た人たちで、しかも学部の4年卒。国家公務員試験は、結局記憶力のいい人が勝つ試験です。創造性の試験ではありません。

そういう人たちが、文部科学省をはじめすべての省庁にいて、最終的な意思決定権をもっているのです。いくら優秀でもこういう仕組みには限界があります。外国の研究者に、いつも、そのことをいわれています。

「どうして日本は官僚が短期でポストを変わるんだ? ヨーロッパの官僚は博士レベルが多く、分野を決めたら、そこでスペシャリストになる。博士を持っていない人が、博士に配慮することはできないだろう。わからないんだからね」

理想的な解決策は官僚を博士レベルにすることですが、急には困難です。別の解決策があります。「**コーディネータ制度**」です。**専門家をコーディネータとして多く**

雇用し、彼らに具体的な研究や教育の調査と意思決定を提案させるわけです。小学校のことは小学校の先生に、大学のことは大学教授、その他現場経験の長い人を集めて、５年単位程度で雇用し、ブレインになってもらう方式です。米国ではこれが成功しています。

この10年、すべての分野で日本は中国に追い抜かれました。公開されているＯＥＣＤのデータを見ればわかります。この理由は経済力も含め、すべての分野がガラパゴス化しているからです。携帯だけではない。日本国内しか知らない人が、すべてを決めているからです。

私はＪＲ東海のあるトップの方と親しくしていますが、昔の国鉄官僚で、今、民営化されたＪＲのオピニオンリーダーとして立っている人です。

彼は若いとき米国の大学に出されて、向こうでマスター号を取っています。だから視野が広く、海外の状況と考え方もよく知っている。その哲学が生きているからＪＲ東海は成功しているのでしょう。

彼はいっていました。

「私は国鉄のときは官僚だった。官僚というのは、どんなことをいわれても、一晩のうちに答えをつくれないと上にあがっていけない。国会議員にどんな無理を言われても、一晩でアイデアを出した。赤字の国鉄を守るために、何をいわれようとやったし、できるようになった。その自信があったんだ」

その官僚が今度は民間になったわけです。今度は官僚と反対側の位置ですが、官僚の内情は知っている。それで、うまく民営化できたのかもしれません。

彼は、イギリスのパブリックスクールをお手本に、理想の学校をつくろうとしています。トヨタと中部電力とＪＲ東海とでお金を出しあって、その地区に中高一貫全寮制の学校を創設しました。資金は合同ですが、学校の哲学は１００％彼のものです。

その学校はＪＲのノウハウを入れて、時間管理をしっかりしています。生徒たちはパソコンを持っていて、朝、お昼に何を食べるかを入力すると、自動的に食堂でそれができあがります。

年１回の出前授業をしたりすると、「うわあ」と思います。これで未来の日本のリーダーになれるのか？　ちょっと管理されすぎているんじゃないか？　彼にそれをいうと、「イギリスのパブリックスクールもこんなもんだよ」と答えます。

「中高はこれでいいんだ。その後大学に入って自由が広がればよくて、野放しにするのは違うよ」

それでは、どこに苦労しているかというと、いい生徒を集めることです。

「東大にたくさん入れるのも問題だけど、じゃあ入れなければどうなる？　今の日本は進学校じゃないとなると、いい子が来ないでしょう。そこが難しいんだ」

別に全員がトップ大学に進学しなくてもいいんだけれど、種々の分野で卒業生がリーダーとなって社会ですごくいい仕事をしてほしい、それを狙《ねら》っているのです。

こんな話を聞いたこともありました。

「民営化したとき、ＪＲ他社は多角経営に走ったけれど、東海はあえてやらないようにした。お金がいっぱいあったから、ホテルなんかいくらでもできたけれど、あえてやらない」

この話を聞いたのは15年くらい前です。けっこう感動しました。ちょうど独立法人化した直後で、「そうか、大学はベンチャーやるのもいいし、企業を指導するのもいいけれど、やっぱり教育と研究やな」と思い、「そっちに戻ったほうがいい」と学部長に話しに行ったりしました。

こういう哲学をしっかりもった官僚が必要なのです。これからの世界で臨機応変に想定外の問題を解決するには、バカが必要なのです。**海外を知り、視野の広いバカが熱望されているのです。**

利根川先生の怒りをこめた留学のすすめ

◆研究のためじゃなくて文化的経験のために行く

数年前に、東大駒場キャンパスにノーベル賞受賞の利《と》根《ね》川《がわ》進《すすむ》先生が招かれ、講演されたことがありました。利根川先生が話されて、最後に「質問があれば」ということで、一番前で手を挙げた学生がいました。

「先生は若いときに留学されました。スイスで免疫学の研究をスタートさせましたが、当時は、利根川先生が卒業された京都大学にもいい装置はなかった。そういう時代だったから、外国に行かれて成功されました。今、東大には世界有数の装置があり、教授の先生方も『Nature』『Science』に論文を書いています。十分な指導力もお持ちです。ですから私は、無理に外国に行く必要性を感じません」

そういった学生がいたのです。そのとき、利根川先生は早い反応でガーッといい返しました。

「君ね、世界には君が今、想像もできない人とか、想像もできない場所とか、そういうものがあるんだよ！」

迫力がありましたね。

「そういうのは、行ってみないとわからないんだよ！　俺は、今日、それをいったんだ。スイスのバーゼルに行った。当時は確かに研究環境にすごい差があった。でも、そういう問題じゃないんだよ。行くことに価値があるんだ！」

先生はあのいい方で、１００人以上の学生をもぶっ飛ばすようにいいました。

「海外に出ることは、単なる勉強とか、そういうレベルじゃなくて、文化とかそういうものを勉強して、それに影響を受けて、自分が成長することなんだぞ。研究するだけだったら、ここでやったほうが能率がいいに決まってる。そうじゃないんだ！」

利根川先生を招待された教養学部の先生が立って、いいました。

「先生、ありがとうございました。今日はもうこの言葉だけで、来ていただいた価値がありました」

私は、後ろの方の客席にいました。隣に知らない学生がいて、私に話しかけてきました。経済学部の学生だといっていましたが。

「先生もそう思われますか？」

「うん、そうだよ。僕もアメリカに2年しか行っていないけれど、あそこで考え方が変わった

よ。研究の中身じゃないんだよ。コンテンツじゃなくて、そういう世界を見たり、自分も痛い目にあったりすることが大事なんだよ」

その学生は、「留学、本気で考えてみようかな」といっていました。

要するに、海外に出ると、**人間が鍛《きた》えられるんですね。**日本人て頑張るじゃないですか。頑張れなかったら帰って来ればいい。頑張れて向こうで成功したら残ればいい。向こうで、ガッとアメリカ人やヨーロッパの人と戦ってみれば、勝てるって自信がつくし、そこまで力がついたら、もうどこに行ってもやれるのです。

中国人は、そうなるために来ているのです。今の中国がこの10年で発展したのは、アメリカで成功して、アメリカ以上の金を出す本国に戻って仕事したからです。私がアメリカにいた25年ちょっと前には、みんな「帰ったら研究環境が悪いんだ」といっていました。

アメリカに残れば、研究費を取る競争で大変です。今の中国は研究者にどんどんお金をあげています。そんな天国みたいな環境をつくったから、トップ研究者が戻るようになったのです。

じゃあ、日本も中国と同じようにすればいいじゃないか、しかし、呼び戻す人材がいないのです。本当に恥ずかしい。海外の大学には中国人が多い。それは当たり前？　若人の人口が10倍多いから？　違います。かつては、学生が20人くらいいたら、日本人が一人二人いたのですが、今は、１００人いても皆無です。バカが一人もいなくなってしまったのです。

◆光明は女子学生にある

今の学生はかわいそうだと思います。私らの頃は、景気がよくて、今日より明日がよくなるはずだと信じられる環境でした。学生もまだヘルメットをかぶっているものもいて、「昨日はデモに行って、機動隊の頭を叩いてきた」とか、自分で就職できなくなるようにしているものもいました。

今は、こういうタイプの学生はいませんね。

大学に入った途端、就職を気にしています。先生が「就職担当と面談の練習をしなさい」とか、一生懸命にいっています。私は、悪いけどちょっと前まではこう思っていました。「それは二流三流の私立大のことだろう」。ところが、東大も同じなのです。

ただし、いいニュースもあります。

実は現在、海外留学している学生の6割は女子学生なんです。

留学といっても本当の留学です。遊びじゃない。1ヶ月ホームステイとかではなく、「学位留学」です。

理系は女子が2割しかいません。でも、海外に出ている人間の6割が女子学生なのです。

やっぱり女性は元気なのです。

授業中に「アメリカは、大学院に行けば、研究はできるし、10万円くらいもらえるんだよ。日本と違うんだ」と話したことがありますが、そのあと、メールが来たり、「ちょっと詳しい情報を教えてください」といってきたのは、全員女学生。**今、女性の方が「しっかりしなくちゃ」と思って頑張っています。**

男子の何倍もアグレッシブに行動しています。どの業界もそうでしょうが、ここに一つの芽があるなと思います。出版だろうと銀行であろうと、やっぱり女性です。だから、**向こうで頑張ってきた女性を日本に戻して、その人たちが日本で活躍できるようにしなくては。**そうすれば、日本再生のきわめて重要な力になると思います。

医大の入試で女子を差別するなんて、とんでもない時代錯誤でしかありません。これは、組織の上の方にいる男性がいけないのです。頭が古い。世界を知らない。冒険をしない。医大だけではなく、会社もそうです。辞められないように女性が働きやすい環境を構築することが第一なんです。

私を講演に呼ぶのは、若手、中堅の人たちです。私は聞きます。

「なんで僕呼ぶの？」

「生田先生の本を読みました。幹部にいってやってくださいよ」

「僕、その役？」

私は、じつはよくわかっているのです。日本には必ずネガティブなことをいう人がいます。「面白いね、生田さんのアイデア。でもね、あんたのこれやったら、こんな悪いことが起きたらどうするのか」

それしかいわない人がいます。そんな人が幹部。半分以上の大企業はそうです。会社で技術の改良だけで成功したり、イエスマンで成功したり、それで上に行った人は、もう冒険をしないんですね。社長や幹部になると、結局、新しいことを怖がっちゃってできません。

エンジニアに、５年も研究させておいて、製品になるところまで来ると、「やっぱりやめておこうかな、これやったら、訴えられるかな」とかいって、売らない製品がゴロゴロある。そういうメーカーを何社も知っています。それで、若手が「幹部にいってくれ」みたいな話になるのです。

男たちは、もうバカになれないのか？　若ければ、まだ間に合う。バカになれる。

利根川先生がガーッと血相を変えていわれたように、若いうちに海外に出るのです。

海外に出ることで人間力を鍛えた大西先生の生き方

◆あのとき日本を救ってくれた人

鳥肌が立ちました。

２０１１年3月の福島原発事故のとき、日本政府を指導した人が高校の先輩だったと聞いたときには。その人はアメリカに住む研究者で、大阪府立住吉高校（私の出身校）で11期上の、大西康夫《おおにしやすお》博士でした。

たまたまインタビューが実現して、こんなふうに始まりました。

「いきなりですが、３１１当時のことをお聞かせください」

「原発事故の直後、日本の首相官邸から昼夜を問わず電話がかかってきました。『爆発した』などと。メルトダウンした原子炉容器も大事ですが、4号機の使用済み燃料プールの方が気になりました。

プール内の燃料棒は、水面から少しでも出ると、素材のジルコニウムが猛烈に燃え出すんです。

米国の私の研究室では、福島原発事故のずっと前から、そのときどうなるかという計算をしていて、あれが燃え出したら何もできないという答えを出していました。

万一燃え出したら、4号機の何千本という燃料が空中に噴出して、人がまったく行けなくなります。そうなったら、4号機だけでなく、1号機、2号機、3号機、5号機、6号機全部に人が入れなくなる。

チェルノブイリの6倍くらいの被害になります。実際にはそこまでいかなかったので、チェルノブイリの7分の1くらいですけどね。でも6倍になっていたら、東京地区も大変になったでしょうね。

『絶対そうならないように水を入れよ！』といったら、ヘリコプターから水を落としました。

他の人たちもそういっていたと思います」

「水が霧状になってしまったあれですね」

「水を落とせといってから翌晩に『落とした』という電話がありました。もっと近くからでないと入らないので、あんな高いところから落とすとは思っていませんでした。

私は、鉛《なまり》の分厚い板をヘリコプターの下につけて、一気にたくさんの水を落とすと思っていました。

じつは、あのときは日本にいるアメリカ人をどうするか、ホワイトハウスで決定する時期だったのです。もちろん爆発したら全員引き揚げの可能性。水入れの効果は不十分だったが、日本政府はやる気があるんだということがわかり、引き揚げの指示を出さなかったと聞いています。

日本政府が水の投入をやっていなかったら、全員引き揚げることになる可能性がありました。もしアメリカ人が引き揚げを開始したら、日本は動揺したでしょうね。

日本政府は何をしているんだ、ということになりますから。それが起こらなかったので、成功かと思います」

「後日、建築関係者からの申し出で、ビルの上からコンクリートを入れる首長竜のようなポンプ車で、注水が成功しましたね。あのとき、日本国民は、政府能力の限界を感じました」

「海江田大臣が米国エネルギー省大臣に、大西がそちらのエネルギー省で働いているから、すぐ帰してくれ、と電話したんです。今日か明日帰って来てくれるのか、といわれたが、まだ米国のOKが出ない、と返事をしたら、菅総理がオバマ大統領に電話した結果、すぐ次の便で帰れ、といわれ、日本に来ました」

「ずっと日本におられたのですか」

「1ヶ月で米国に戻ると、また来てくれといわれて日本に」

「オールジャパンで問題解決をしないといけないのに、原発の情報は出てこない。放射能拡散のシミュレーターも公開しない。どこがスピーディー？」

「日本は、将来を予測して、事前に対策を考えるのはあまりやらないですね。米国の場合、将来を論理的に検討して、その結果を見て、事故対策の手順を決めていくのが普通なので、その点、全然違うと思いました」

「教育を含む現代日本の構造的な問題ですね」

あのとき日本を包んでいた緊迫感と、モタモタする事態への焦燥感《しょうそうかん》を思い出し、封じられていた情報の裏で起きていたことに、息をのみました。

いまだに、完全には解決してはいないのです。

◆ある答えを求めてアメリカに旅立つ

そもそも、なぜ大西さんがアメリカのエネルギー省にいたのか？

なぜ日米ともに、大西さんが問題解決のキーになっていると知っていたのか？

なぜ、何を考えて、日本を出てアメリカに行ったのか？

アメリカで、何があり、何を手に入れたのか？

私の知りたいことは、いっぱいありました。インタビューで私は、大西さんの生い立ちをたどり、アメリカでの経歴、出会った人など、興味深い、感銘を受ける話をいろいろ聞くことができましたが、その中の一つだけをご紹介しようと思います。

こういう話をされています。

「生田先生は紫綬褒章《しじゅほうしょう》を授与されていますね。私の父は発明貢献による黄綬《おうじゅ》褒章をもらっています。マスクなどに使う不織布、カーボンファイバーの紡績機も父の発明で、特許を持っていました。

私は一人息子だったので、後を継ぎ発明品をつくって売ることになるのですが、特許の権利はたしか20年で終わり。やはり自分でどんどん発明しないといけない。

日本にいたら、そういう発明感覚が出てこないだろうと考え、アメリカに行ったんです。

なぜ、アメリカ人は、日本では全然考えられないようなことを考えられるのか？

そういうことを学ぼうという、それだけの理由で行ったのです」

極めて独創的な方法でアメリカの研究所に入り、**「なぜ、アメリカ人は、日本では考えられないようなことを考えられるのか？」この答えを求めつづけたわけですね。**

大西さんの行った研究所は、水理学の世界トップの一つでした。なぜ水理学？　水理学って土木系です。大西さんは、大阪府大の機械工学科出身なのに。なに、かまやしない。解明したい謎ははっきりしていますから、それさえわかれば、機械でも水理でもなんでもよかったんですね。

◆求めていた答えがわかった

大西さんは、英語のハンディもあり、成績が悪く、放り出される危機に直面しますが、アインシュタインの息子の土木関係者との出会いなどのきっかけから猛烈な勉強を始め、研究所の所長が出す最終テストにたどり着きます。テストの問題はこういうものです。

「前の所長は、こういう研究結果を出したけれど、それは正しいかどうか？　正しい点、間違っている点を書け」

その研究所の所長や前の所長は、教科書に出てくるような著名人でした。わざわざ他大学の優秀な若手研究者を探し出して抜擢《ばってき》し、自分が退《しりぞ》いたという人が前所長です。お互いに深く理解しあい、尊敬し合っていました。

その相手が間違っているかどうかいえ、というのです。これがアメリカ人なのです。大西青年は、この質問に驚きましたが、最終テストをクリアします。

その後、専門の水理の問題が発生します。原発を建設して動かそうとしたら、スイッチを入れた途端ミズーリ川の土砂が中に入って、4時間後にはどうしようもなくなった。これを解決してくれというのです。

すでに博士になって研究所で働いていた大西さんは答えました。

「できますよ。しますよ」

その前に、所長が「今の技術者の知識では不可能」と答えていたのを知らなかったのです。研究資金をもらって始めたところ、案の定、今の知識では全然できない。だれもやったことのないことをしなければならないのです。

考えに考えました。ついにアイデアを得て、前の所長のところに聞きに行きます。

「こうしようと思っています。今の研究所の理論も用いています。どうでしょうか？」

答えてもらえませんでした。突き放された。

「自分でチェックしたのか？　していないのなら、自分で考えろ」

さらに1ヶ月、必死で考え、問題解決の方向を見出します。

川の土砂で4時間しか運転できなかったその原発は、その後30年間ずっと運転をつづけています。

大西さんはいいます。**「そのとき学んだのが、いかに有名で、いかに権威がある人でも、自分で調べて、自分で納得しなければ信じるなということ。激しく刷り込まれました。これがア**

メリカで学んだ大きなレッスンだったと思います」

大西さんは、こうもいいました。**「空気を読むな。空気を読んでいるからアベレージになってしまう。自分で考えて、自分で決定してやれ。これが、なぜアメリカ人があのようなすごいことを考えられるか、の答えだと思います」**

当時、東海岸にイタリア系のドニジアンという研究者がおり、「陸の問題はドニジアン、水の問題はオオニシ」といわれるような専門家になり、チェルノブイリの原発事故が発生すると、ソ連側からアメリカ政府に、チェルノブイリの環境の米国責任者はオオニシにしてくれと要求され、その後30年チェルノブイリで問題解決をしてきたことなど、話はいくらでもあるのですが、それはもうこの本のテーマから外れてしまいます。

おわりに

最後までお読みいただき（あとがきから読み始める方もいらっしゃいますが）、ありがとうございました。「自己バカ」イメージは姿を現したでしょうか？　今すぐではなくても、おいおい形づくられていくはずです。

私は楽しく想像します。

あなたがすでに仕事をされていたとすると、ビジネスに刺激となるような一節が、どこかにあったのではないか。

あなたが勉強中の学生さんだとしたら、一生の方向を示してくれる人物像が、どこかにいたのではないか。

もしあなたが中学生、高校生だとしたら、私はとても嬉しいです。未来のあるティーンエージャーにこそ読んでもらいたいからです。きっと何かの種がまかれて、いつか発芽するでしょう。

本を閉じると、そこからあなたの人生、日常が始まります。ちょっとだけ、それが変わっているといいなと思います。

たとえば、人を喜ばせたいと思う。つまらなそうにしている人がいたら、笑わせてやろう、何か面白いことをいってやろうと思う。そして、いう。

ボランティアもいいでしょうね。人を喜ばせる、役に立つ。これはけっこう難しいのです。想像力がいります。ボランティアを経験するのだったら、ぜひその難しさを発見してほしいと思います。

意外に思うかもしれませんが、一般に、人は自分が望んでいることを知らないのです。自分の願望、欲望くらい知ってるだろうと思いがちなのですが、じつは知らない。

あれがほしい、これがほしいなんていうのは、他人の欲望の模倣《もほう》です。それとは別に、人は深く望んでいるものがあるのですね。気がつかないままに。

それが形となって、目の前に現れたとき、「あっ！　それ！　それが欲しかったの！」と、初めて自分を理解します。

ボランティアも発明も、ここに難しさと素晴らしさがあるのです。

ともあれ、これでおしまいです。人に喜ばれるよい人生を送ってください。

生田《いくた》　幸士《こうじ》

著者略歴

東京大学大学院情報理工学系研究科システム情報学専攻教授、先端科学技術研究センター教授兼務。

1953年、大阪府に生まれる。大阪府立住吉高等学校卒。大阪大学にて金属材料工学科と生物工学科を卒業後、修士課程を経て、東京工業大学大学院制御工学専攻博士課程修了。工学博士。カリフォルニア大学研究員、東京大学専任講師、九州工業大学助教授、名古屋大学教授を経て2010年4月より東京大学教授。医用マイクロマシン、医用ロボットの世界的先駆者。

2010年紫綬褒章受章。文部科学大臣賞（研究功績者）、米国ラボラトリーオートメーション学会功績賞、ロボット学会論文賞など、受賞40件以上。2018年にIEEE ICRAの30年間で最も影響を与えた賞（Most Influential Paper from 1988）賞受賞。

助教授時代から「バカゼミ」「卵落とし大会」など様々なイベントを開催。

専門書以外の著書には『「自分の壁」を越える授業』（ダイヤモンド社）がある。

NHK「爆笑問題のニッポンの教養」「課外授業　ようこそ先輩」「ETV特集」、TBS「夢の扉」、日本テレビ「世界一受けたい授業」などに出演。

世《せ》界初《かいはつ》は「バカ」がつくる

――「バカ」の育《そだ》ち方《かた》あります！

二〇一九年二月九日　第一刷発行

著者　生田《いくた》幸士《こうじ》

発行者　古屋信吾

発行所　株式会社さくら舎　http://www.sakurasha.com

東京都千代田区富士見一-二-一一　〒一〇二-〇〇七一

電話　営業　〇三-五二一一-六五三三　FAX　〇三-五二一一-六四八一

編集　〇三-五二一一-六四八〇

振替　〇〇一九〇-八-四〇二〇六〇

装丁　石間淳

イラスト　村山宇希（ぽるか）

印刷・製本　中央精版印刷株式会社

ISBN978-4-86581-184-1